Psicopatologia fenômeno-estrutural

Psicopatologia fenômeno-estrutural

Anna Elisa de Villemor-Amaral e Latife Yazigi
(Organizadoras)

Casa do Psicólogo®

© 2010 Casapsi Livraria, Editora e Gráfica Ltda.
É proibida a reprodução total ou parcial desta publicação, para qualquer finalidade, sem autorização por escrito dos editores.

1ª Edição
2010

Editores
Ingo Bernd Güntert e Juliana de Villemor A. Güntert

Assistente Editorial
Aparecida Ferraz da Silva

Capa
Sergio Gzeschenik

Projeto Gráfico & Editoração Eletrônica
Fabio Alves Melo

Produção Gráfica
Fabio Alves Melo

Preparação de Original
Maria Aparecida Viana Schtine Pereira

Revisão
Maria A. M. Bessana

Revisão Final
Juliana de Villemor A. Güntert

Dados Internacionais de Catalogação na Publicação (CIP)
(Câmara Brasileira do Livro, SP, Brasil)

Psicopatologia-fenômeno estrutural / Anna Elisa de Villemor-Amaral, Latife Yazigi, (organizadoras). -- São Paulo : Casa do Psicólogo®, 2010.

Vários autores
ISBN 978-85-62553-19-6

1. Distúrbios mentais 2. Doenças mentais 3. Psicologia patológica 4. Psicopatologia I. Villemor-Amaral, Anna Elisa de. II. Yazigi, Latife.

10-04108	CDD-616.89
	NLM-WM 100

Índices para catálogo sistemático:
1. Psicopatologia 616.89

Impresso no Brasil
Printed in Brazil

Reservados todos os direitos de publicação em língua portuguesa à

Casapsi Livraria, Editora e Gráfica Ltda.
Rua Santo Antônio, 1010
Jardim México • CEP 13253-400
Itatiba/SP - Brasil
Tel. Fax: (11) 4524.6997
www.casadopsicologo.com.br

Agradecimentos

Com esta obra prestamos uma homenagem à memória de Zena Helman, pesquisadora e mestre generosa, que recebia calorosamente em sua bela casa em Fort Jaquet todos aqueles que queriam aprender com seu profundo conhecimento sobre Psicopatologia e o Método de Rorschach na perspectiva fenômeno-estrutural.

Agradecemos aos colegas Michel Wawrzyniak, Jean-Marie Barthélémy e Michel Ternoy por terem acolhido, em diferentes períodos, os autores dos capítulos que compõem esta obra.

Agradecemos também a amizade e o coleguismo de Marie Françoise Viala, Jean-Louis Reulet, Christine Condamin, Denis Grillard, Denis Samba, Marc Lecointe e Christiane Muller, participantes dos seminários e das supervisões realizadas em Fort Jaquet, que habitualmente terminavam tarde da noite, quando finalmente brindava-se com um bom vinho da preciosa adega da família Helman.

Sumário

1. Introdução à Psicopatologia fenômeno-estrutural 9
   Latife Yazigi e Anna Elisa de Villemor-Amaral

2. A segmentação da imagem e o mecanismo de cisão na esquizofrenia 29
   Deise Matos do Amparo

3. Epilepsia, Rorschach e fenomenologia 83
   Latife Yazigi e Maria Helena da Silva Noffs

4. Análise Fenômeno-estrutural de uma pessoa com depressão ao longo de dois anos de acompanhamento psicológico 119
   Andrés Eduardo Aguirre Antúnez e Jacqueline Santoantonio

5. Personalidade borderline e a Psicopatologia fenômeno-estrutural 145
   Anna Elisa de Villemor-Amaral

6. A Psicopatologia fenômeno-estrutural e o teste das Pirâmides Coloridas de Pfister 167
   Anna Elisa de Villemor-Amaral e Renata da Rocha Campos Franco

1

INTRODUÇÃO À PSICOPATOLOGIA FENÔMENO-ESTRUTURAL

Latife Yazigi
Anna Elisa de Villemor-Amaral

A Psicopatologia fenômeno-estrutural pode ser considerada tanto uma verdadeira teoria, que considera como foco central o funcionamento mental do indivíduo a partir do modo de viver o tempo, quanto um método de análise das diversas manifestações humanas, visando à apreensão do que é adaptativo e do que é patológico.

Pode-se considerar que os fundamentos da Psicopatologia fenômeno-estrutural se encontram nos estudos de Minkowski sobre a esquizofrenia e posteriormente nos estudos de Minkowska e Helman sobre a epilepsia. Foi nas décadas de 1920 e 1930 que Eugène Minkowski realizou diversos estudos em psicopatologia e publicou suas duas principais obras: *La schizophrénie*, em 1927, e *Le temps vécu*, em 1933. No trabalho feito particularmente com esquizofrênicos, Minkowski (1927, citado por Barthélémy, 1996), percebe-se a importância da fala e da linguagem como meio de expressão dos distúrbios a que esses indivíduos estavam sujeitos. Em seus estudos sobre a esquizofrenia e a depressão (1956), pautados nas ideias de Bleuler, trabalhou com as noções de dissociação ou *Spaltung* e da perda de contato vital com a realidade. Influenciado também por Bergson, que fez a distinção entre tempo vivido como experiência interna em contraposição ao tempo cronológico, mensurável, desenvolvendo pesquisas a partir dessas noções. Para Minkowski, as alterações do tempo vivido nos pacientes podem ser captadas por meio de uma fenomenologia da linguagem. Assim sendo:

> A utilização da linguagem como sistema de referências suscetível de nos informar sobre a estrutura da vida e de nossa existência, comporta múltiplos problemas. Trata-se, no fundo, de colocar os fundamentos de uma *semântica* que considera as palavras não sob o ângulo puramente filológico, mas em função das situações vitais às quais elas se referem. Trata-se de uma semântica vital. (p. 32)

Seguindo essa direção, Françoise Minkowska (1956/1978), psiquiatra romena radicada em Paris, em seus estudos genealógicos de casos clínicos, utilizou-se do método de Rorschach como instrumento principal de suas investigações. Dedicou-se a estudar, sobretudo, pacientes acometidos de epilepsia e aqueles com diagnóstico de esquizofrenia e observou que diferentes estruturas mentais podem, por um longo período de tempo, conservar certas constelações de caráter que, sem suprimir suas particularidades singulares, marcam toda uma geração de indivíduos. Por se orientar segundo a perspectiva da fenomenologia de escuta do discurso, proposta por Minkowski (1923, 1936), no uso do Rorschach focaliza primordialmente a análise da linguagem. Trabalhando de modo integrado e complementar, ambos os autores deixaram um rico legado, concentrado nas concepções teóricas sobre o tempo vivido, no estudo dos fenômenos mentais a partir de uma minuciosa análise da linguagem e no uso do Rorschach como instrumento privilegiado do qual se obtém material para essa investigação.

Hermann Rorschach (1921/1965) em sua análise da produção de perceptos, por parte do indivíduo diante das manchas de tinta, construiu o Psicograma, que continha os elementos formais decompostos a partir das respostas dadas, tais como a área de localização do percepto no estímulo, fator determinante do percepto e seu conteúdo. Da relação entre determinante de movimento humano e determinante cor em frequência ponderada, compôs o tipo de vivência denominado *Erlebnistypus*. A prevalência do movimento humano sobre as cores caracterizava o tipo de indivíduo introversivo, a das cores sobre o movimento humano, o extratensivo, se ambos os aspectos fossem igualmente presentes o tipo seria ambigual, e se ausentes com predominância do determinante forma, o tipo coartado. O *Erlebnistypus* era para Rorschach, como ainda o é em muitos outros sistemas do método de Rorschach, um dos elementos primordiais da estrutura da personalidade da pessoa expressa no teste.

Entretanto, em sua proposta de identificar as formas psíquicas do funcionamento mental do indivíduo, apreendidas por meio do estudo da linguagem, Minkowska (1944, 1946), considerou a triagem das respostas ao Rorschach como fundamento de seu método, afastando-se, até certo ponto, da perspectiva desenvolvida por Hermann Rorschach. Como consequência, a tomada do protocolo passou a ser feita palavra por palavra, em que tudo o que ocorria durante a aplicação do exame era registrado. O protocolo, com seus aspectos qualitativos, passou para o primeiro plano, ao mesmo tempo que a observação do comportamento do indivíduo durante a prova tornou-se parte importante do exame, contribuindo para a identificação dos mecanismos essenciais que regem a relação do indivíduo com o mundo, por meio de sua relação com o examinador.

Essa forma de registrar o protocolo não significava decomposição dos elementos da língua em unidades elementares que depois seriam somadas, como enfatiza Barthélémy (1987). Isso porque, em sua análise da estrutura da linguagem, Minkowska (1956/1978) baseou-se no conceito de "estrutura", empregado por Saussure, que considerava o todo como a unidade a partir da qual se deve realizar a análise dos elementos que o contém. Princípio semelhante ao da teoria da Forma ou *Gestalt*, proposta por Wertheimer (1945), em que à configuração total precediam as partes e as noções de organização perceptiva estavam relacionadas aos padrões de figura e fundo, agrupamentos perceptivos (proximidade, semelhança, lei da boa continuidade, pregnância, destino comum, persistência do agrupamento, aprendizado e fechamento), padrões de reconhecimento (contornos, equivalência da forma, perspectiva linear, interposição), percepção do movimento.

Na análise linguística das respostas ao Rorschach, Minkowska (1956/1978) levava em consideração os elementos de ligação que compunham a frase, as preposições, as conjunções, os verbos, os adjetivos, a presença do sujeito e de seus predicados. Por meio da análise linguística, foi possível identificar dois polos de funcionamento mental, o sensóriomotor ou epileptoide, em que predomina a ligação, *lien*, e o esquizorracional ou esquizóide, em que predomina o corte, *coupure*, ou *Spaltung* de Bleuler. Esses dois polos também estão presentes na concepção da psicopatologia estrutural e relativa ao mundo das formas

Dessa forma, a tipologia introversão-extratensão, empregada por Rorschach com base nos determinantes, movimento e cor, foi substituída por Minkowska (1956/1978) por aquela que opunha o estilo sensório-motor ao estilo esquizorracional. Se no polo epiléptico-sensorial tudo se condensa e se concentra, no esquizorracional tudo se dissocia e se dispersa, como enfatizou Helman (1959b). Nessa perspectiva, cor e movimento se polarizam no estilo sensório-motor, contrapondo-se ao determinante de forma que se destaca no estilo esquizorracional. Convém lembrar que Bleuler orientou tanto os trabalhos Hermann Rorschach como os de Eugène Minkowski e Françoise Minkowska.

Colaboradora de Minkowska, Zena Helman (1959a) baseou sua concepção fenomenológica do Rorschach no pensamento de Henri Wallon e nas ideias de Eugène Minkowski. Isso porque Wallon (1925), partindo de observações sobre o desenvolvimento da criança normal chegou a uma compreensão fenomenológica muito rica do epiléptico. Para ele, a base das manifestações psíquicas da epilepsia é a predominância do sistema motor e das funções de realização ou de projeção que acabam por polarizar o pensamento. Na mobilidade intencional, o polo onde o ato toma sua força motriz é preponderante, o estado de consciência tem por condição o estado motor, sendo indispensável à consciência ter o aparelho motor à sua inteira e contínua disposição. Desta forma, as rupturas de consciência dos epilépticos consistem em descargas sempre iminentes de uma hipertensão motora. Assim:

> Inseparável de sua realização motora, o pensamento do epiléptico adere ao concreto, mostra-se inapto a representar o virtual, repugna o símbolo. A mentalidade epiléptica se move exclusivamente na ação e no concreto. Este funcionamento se acompanha de uma incapacidade de se abstrair do ambiente. Cada vez que a percepção resultar principalmente de reações motoras e posturais, a impressão subjetiva de esforço torna quase indissolúvel a união do Eu à coisa. O Eu não se separa suficientemente do outro. Assim, a impossibilidade de se desligar do concreto obriga o epiléptico a seguir palavra por palavra a cadeia de imagens sucessivas, ligando-se sempre às situações vividas, do que resulta o discurso detalhado, com abundância de indicações de lugar. Ele desenrola ... os filmes de sua memória e a enumeração de seus conhecimentos

> .... Impotente em ultrapassar sua memória, que
> ele realiza uma a uma, em apreendê-la no conjunto,
> em descobrir os pontos culminantes e a orientação,
> ele se perde em digressões confusas. A representa-
> ção aderente ao tema ideomotor uma vez formada e
> a revivescência que este impõe ao espírito do epilép-
> tico torna-o lento, pesado, perseverante; as mesmas
> reações se repetem mesmo após dias de intervalo, o
> discurso interrompido é retomado no mesmo ponto.
> (Ap. Helman, 1959a, p. 2-3)

As funções projetivas referem-se tanto ao gesto como à linguagem. Para Wallon (1925a), os traços da mentalidade epiléptica são mais claros e completos na linguagem porque sua relação com ela é direta. Existe nela um aspecto de incontinência e de esforço, que pode se manifestar como uma logorréia, às vezes penosa, e que parece nunca se esgotar. Ela se expande além de suas vias próprias, pondo em ação o corpo todo e a fisionomia, destinada a colocar o próprio corpo em ação. Essa sinergia verbomotora é característica da excitação projetiva.

> A função verbal mostra . . . que não há no epiléptico
> pensamento possível, a não ser se projetando na lin-
> guagem e que se caracteriza por ser incerto, penoso,
> impróprio aos fins abstratos. A linguagem é aqui um
> meio de concretização mental . . . espécie de conexão
> substancial que opera a palavra . . . . refere-se antes à
> coisa exprimida do que ao símbolo. Parece ser mais
> função de uma situação que de um vocabulário. É

precedida e iniciada por gestos e mímicas. A palavra e o gesto servem de intermediários indispensáveis ao pensamento. O epiléptico realiza seu pensamento nas mímicas. (Helman, 1959a, p. 3-4)

Para Wallon (1925), essa mentalidade projetiva não é essencialmente patológica, podendo ser encontrada em graus distintos e atenuados em indivíduos que nunca apresentaram episódios e/ou acidentes comissiais, o que o levou a supor que o epiléptico responde a certa constituição neurobiológica, podendo eventualmente ter um papel de predisposição mórbida. Além do mais, a mentalidade projetiva caracteriza também um estado de evolução da criança, aquele em que dominam as aquisições relativas às funções motoras e da linguagem. "A atividade projetiva ... responde a uma etapa psicomotora das funções e da consciência, etapa puramente concreta, que precede aquela em que a atividade representativa se substituirá ao contato constante do real" (Helman, 1959a, p. 4).

As observações clínicas de Wallon (1925) ressaltaram o papel da forma de comunicação verbal e corporal como expressões do caráter fundamental, básico de cada individuo – quase como sua essência, sua forma de ser, de sentir, de conhecer, de interpretar o mundo.

Minkowska, por sua vez, em suas análises dos protocolos de Rorschach, atribuía grande importância nos epilépticos ao emprego de termos como: "cair" ou "olhar para baixo", em relação com o movimento de subida e descida, de queda e de elevação, que "permitem penetrar no mistério dos delírios cósmicos de natureza comicial" (Ibid., p. 31). Já as expressões "trapos, farrapos, galhos mortos, camundongos mortos" são reveladoras de um estado de devastação interna, característico do fator esquizóide.

Cita como exemplos respostas ao Rorschach dadas por três pessoas diferentes aos espaços em branco da prancha I: "quatro cavidades", "quatro buracos", "quatro vazios". Embora essas respostas revelem o vazio no sentido amplo do termo, elas comportam uma diferença sutil de nuances e mesmo de fragmentos de vida que permanecem; nelas é possível observar certa gradação, que da cavidade passa pelo oco e vai empobrecendo cada vez mais, até chegar ao vazio no sentido literal do termo. Se os casos típicos servem de ponto de partida para a evidência das duas estruturas, encontram-se frequentemente os traços de uma série entremeados àqueles de outra e tem-se, então, a presença de uma "associação" entre o tipo epileptóide e o esquizóide.

Minkowski (1956), referindo-se ao trabalho de Minkowska, descreve com clareza as características dessa tipologia. O estudo do mundo das formas permitiu reconhecer que a pessoa de tipo "sensorial" vive no concreto, vê o mundo em movimento e em imagens, adere à realidade e não consegue se afastar dela. Disso resultam reações, desejos, modo de ser em geral, certas perturbações com o ambiente e as pessoas, perturbações determinadas pelo fato de romper-se a camada superficial das relações com o ambiente para ir mais além, na profundidade, em direção ao aspecto cósmico das coisas. É concreto por ser mais vivo, mais dinâmico e mais "concreto" no sentido vital do termo e, por causa disso, mais primitivo e essencial. O sensorial não é menos prático que o tipo racional; em situações circunscritas, ele perceberá e agirá exatamente como eles, no plano prático. A diferença está em outro lugar.

Nas respostas ao Rorschach, o método empregado por Minkowska (1956) reconhece em cada um dos dois polos: visão concreta e detalhada (D ou Dd) ou global e abstrata (G); percepção sentida e experimentada ou construída e refletida; imagem e metáfora vividas ou uma significação simbólica; determinante cor (C) ou movimento (K) e determinante forme (F); mecanismo essencial de ligação, *lien*, e o corte, *coupure* (Helman, 1959).

Para melhor compreensão do que está sendo proposto, parece importante destacar nesse momento uma diferença fundamental entre a abordagem proposta pela Psicopatologia fenômeno-estrutural e a postulada pela Psicanálise, como exemplo. Se, por um lado, na abordagem psicanalítica a ênfase na análise das respostas dadas ao Rorschach focaliza o conteúdo e o simbolismo, e a fala do paciente importa tanto ou mais que a codificação das respostas, por outro, não se busca uma estrutura da linguagem enquanto fenômeno mental, e sim o sentido simbólico contido em cada conteúdo enunciado.

Portanto, a diferença entre o sistema de análise com referencial psicanalítico e o da Psicopatologia fenômeno-estrutural localiza-se mais precisamente na diferença existente entre metáfora e símbolo. Para a Psicopatologia fenômeno-estrutural, a metáfora é a expressão indireta de objetos ou sentimentos em seus componentes mais concretos e sensoriais, ao passo que o símbolo está ligado às abstrações intelectuais. Isso nos permite classificar a metáfora como algo ligado à sensorialidade e o símbolo como algo associado à racionalidade. Em Psicanálise, a dimensão simbólica reflete os registros das experiências emocionais em relação aos objetos, os impulsos, sua satisfação ou as proibições a eles impostas. Mas sabemos que para uma análise efetiva do universo simbólico é necessário que o produto a ser analisado provenha de uma mente desenvolvida, com capacidade de simbolização, já que esta não está presente em todos os indivíduos, sendo falha em patologias graves. Pacientes mal mentalizados, como diria P. Marty (1998)[1] praticamente não produzem símbolos traduzíveis, o que torna o alcance das análises simbólicas mais limitado nesses casos. Já as metáforas, ou a estrutura da linguagem, podem ser analisadas independentemente do nível de desenvolvimento mental, sendo sempre acessíveis onde há comunicação verbal.

Entretanto, as teorias de Minkowski, Minkowska e Helman não se restringiram às observações feitas com doentes mentais ou com o Método de Rorschach. É famoso o estudo de Minkowska (1949) sobre os pintores Van Gogh, epiléptico, e Seurat, esquizorracional, em que, contrapondo-os, coloca à luz as características dos dois tipos de estrutura mental nas manifestações plásticas. No polo epilepto-sensorial, o movimento dá vitalidade às formas, a cor tem tom afetivo, os objetos se tocam, linhas sobem e descem, os traços são lançados em forma de hachuras. Já no polo esquizorracional, predomina a imobilidade, a precisão geométrica, a preponderância da forma sobre o movimento, a cor pobre ou inadequada, os objetos separados, isolados ou fragmentados (Helman, 1959b).

---

[1] Mentalização refere-se à quantidade e qualidade das representações mentais que fazem parte do repertorio de experiências vividas pelo individuo e registradas em sua memória, sendo mais ou menos acessíveis à consciência. (Marty, 1998).

Esse ensaio gerou produções fecundas sobre pintura, literatura, música, criação de máquinas e objetos artesanais, e muitos outros domínios da criatividade. É o caso da contribuição de Ganidel (1960) sobre a imagem literária em seu estudo comparativo entre os estilos de Flaubert e de Giraudoux, bem como o trabalho de Rispal (1962) sobre Lautréamont. A partir de sua experiência no domínio das composições musicais, Helman (1959) ampliou a abordagem fenomenológica estrutural para integração do campo da criação musical, do que resultaram os trabalhos de Muller (1984, 1997), análises minuciosas das composições musicais de Schumann e Beethoven. Essa via de reflexão e de pesquisa mostrou-se muito rica e gerou uma produção bastante expressiva de trabalhos fascinantes e instrutivos. Assim, por exemplo, as análises literárias de Barthélémy (1987) sobre Allan Poe e Hoffman, a de Warwzyniak (1983) sobre Rimbaud, a de Ternoy (1996) a respeito da expressão visual do pintor mediúnico Lesage e as de Yazigi sobre o pintor El Grego (1998), a comparação entre os poetas Kafavis e Machado (2002a), entre os pintores Modigliani e Botero (2002b), sobre os trabalhos artesanais de Bispo do Rosário (2006) e as máquinas de Da Vinci (2009).

Para Helman (1983), é possível identificar em qualquer expressão artística esses dois modos essenciais de perceber, traduzir e viver o mundo – o "sensorial" e o "racional". Segundo Ganidel (1960), são para o pensamento dois modos de se desenrolar, um imediato, em que o tempo decisivo é aquele da sensação e o outro, mediato, fundado no tempo especulativo. A oposição entre os mundos sensorial e racional se exprime nas seguintes dicotomias:

verticalidade-horizontalidade; movimento-imobilidade; linha sinuosa-retidão; ligação-corte, frases subordinadas e coordenadas-frases curtas e precisas; verbos-substantivo abstratos; visão em imagens-encadeamento de ideias; hegemonia da sensação-ideia; métafora-simbolismo (*apud*, Yazigi 2002a).

Ganidel (1960) enfatiza que, no estilo sensorial, a imagem é plena de movimento, de conjunções e nasce da emoção, emoção vivida que escapa à elaboração intelectual. A visão sentida nos convida a participar da cena. Existem casos em que as imagens se misturam, como em um sonho e o fantástico não é sentido como estranho e o irreal se encarna. Os caminhos serpenteiam em linhas sinuosas que, em se movendo, reatam os objetos. Os movimentos se comunicam sejam pelo inanimado, sejam pelo animado. Movimentos ascendentes ou descendentes que podem tudo juntar. A importância dos movimentos está presente nos verbos que sustentam a frase e a justaposição de pequenos detalhes concretos garantem a progressão da frase. Justaposição que se exprime pelos termos "com", "e", "onde", "entre", "sob", "em baixo", "na beira" e "através", entre outros. Os quadros são coloridos e impressionistas nos moldes sensoriais e a riqueza vem da abundância de detalhes que se reatam em uma composição. Casas, campos e árvores, com suas cores vivas, formam as paisagens. A cena gera um ambiente e um clima que evocam diretamente a emoção e a desperta. As imagens valem por si mesmas e não por sua significação. Os personagens não se limitam a si mesmos, são expressão de uma ideia mais viva deles mesmos e se comportam como agentes da ação.

Na organização racional do pensamento, tudo é construído a partir de símbolos, de simetrias, de visões globais. O tempo de espera é consagrado à meditação, à especulação e a uma operação do espírito que transforma, compara, estabelece uma relação, uma analogia. A sensação tem um papel secundário, porque a ideia é dominante e não há sensações puras, mas sensações-ideias. O vivido do encontro afasta-se no tempo, a ação se isola no passado, oas personagens de outro tempo surgem, dotadoas de uma significação. A expressão do contato se faz por uma des-possessão de si mesmo. Os personagens não têm face, o real se desencarna, fala-se daqueles que não estão presentes, seres ausentes ou mortos são evocados – são personagens simbólicos. A sensação tem um papel secundário, não há sensações puras, somente sensações-ideias. O cenário é estático, composto por figuras geométricas. As expressões são simétricas e dão um ritmo interrompido (*scandé, saccadé, pontué*) à frase. O pensamento é rigorosamente elaborado, assim é construído buscando a perfeição.

Considerando essa fenomenologia-estrutural nas suas mais variadas formas de manifestação, é possível ampliar a simples descrição diagnóstica das tipologias para a observação das mudanças e das evoluções ocorridas, seja ao longo do desenvolvimento normal, seja durante o curso de tratamentos.

No que diz respeito ao desenvolvimento da criança, Barthélémy (1987) argumenta sobre a predominância da sensorialidade na criança e sobre a necessidade de uma maturação no sentido racional para uma boa escolarização. Do ponto de vista da fenomenologia-estrutural, a grande mobilidade e sensorialidade da criança pequena é incompatível com a habilidade exigida na escola para deter-se sobre um fato e poder fazer abstrações que permitam aprender. Assim, no curso da vida alternam-se etapas onde predominam ora a sensorialidade, ora a racionalidade e que podem ser observadas e acompanhadas pelos mesmos mecanismos essenciais de ligação e corte.

Considerando a evolução dos pacientes no decorrer dos tratamentos, o trabalho de Barthélémy (1987) sobre a cura do alcoolismo enfoca o conceito de Helman sobre o ímpeto sensório-motor. Esse ímpeto reflete um direcionamento do indivíduo em relação ao polo sensório-motor, ou seja, um desenvolvimento em direção ao real, que só pode ser observado ao longo do tempo, comparando manifestações verbais, gráficas ou pictóricas em momentos distintos (Villemor-Amaral, 2005).

Helman (1971) demonstrou de que modo, nas diversas patologias e transtornos psíquicos é possível acompanhar os efeitos do ímpeto sensório-motor, indicando uma evolução no sentido de maior integração do pensamento e maior contato com a realidade no caso de pacientes graves, cujo mundo interno encontra-se fragmentado e disperso. Porém, de modo inverso, Barthélémy (1987,1993 a, b) observa no tratamento de pacientes alcoólicos, e no processo de abandono do hábito de beber, uma tendência inversa, que conduz de um extremo, onde domina a sensorialidade e a viscosidade no período de intoxicação, a manifestações mais marcadas pela racionalidade, durante a desintoxicação.

Assim sendo, ao longo do desenvolvimento normal observam-se etapas em que predomina a sensorialidade e outras em que o que se sobressai é a racionalidade. Como já mencionado, as crianças são mais sensoriais que os adultos, mas quando chegam à idade de seis e sete anos precisam tornar-se mais racionais para poder aprender, caso contrário terão menores condições de focar a atenção e pensar, por prevalecer a necessidade de experienciar concretamente cada fenômeno ao seu redor. Se a criança não consegue ser menos sensorial, terá mais dificuldade para aprender aquilo que exige níveis maiores de abstração (Villemor-Amaral, 2005).

Assim, ao mesmo tempo que os dois polos – sensorial e racional – constituem uma tipologia, representam igualmente etapas evolutivas que se alternam, impulsionadas pelo ímpeto sensório-motor de intensidades variadas. Seja qual for a tipologia dominante em uma pessoa, em todas elas há momentos mais sensoriais e mais racionais, variando seja em função de estados mais patológicos, seja do desenvolvimento normal. Por isso, considera-se importante avaliar o ímpeto sensório-motor do indivíduo, o que permite verificar como em determinado período uma pessoa evolui entre os dois polos, revelando habilidades mais ou menos adaptativas, quando comparado a outros momentos.

Nos capítulos a seguir, os respectivos autores discutirão suas experiências no diagnóstico e no tratamento de pessoas com patologias diversas, ilustrando o modo fecundo de compreender o funcionamento mental com base nos mecanismos de corte e ligação elucidados pela Psicopatologia fenômeno-estrutural.

Referências bibliográficas

Barthélémy, J.-M. (1990). La place du Rorschach dans les développments actueles de la psychopatologie phénomeno-structurale. In *Techniques projectives II*. Montpellier: Sillages.

Barthélémy, J.-M. (1996). L'analyse du langage dans le Rorschach sellon la méthode Phénomeno-structurale. *XV Internationa Rorschach Congress*. Boston.

Barthélémy, J.-M. (1987). *L'analyse phenomeno-structurale dans l'étude psychilogque des alcooliques. L'éxperience de la cure et l'apport des poétes*. Touluse: Erés.

Barthélémy, J.-M. (1993a). Plainte e contrainte répétitive dans le Rorschach d'alcooliques détériorés. In *Psychologie médicale* (pp. 694-696).

Barthélémy, J.-M. (1994). Processus, évolution et structure mentale. *Bulletin de Psychologie XLVII*, 474-476.

Barthélémy, J.-M. (1993b). Rorschach et Psychopatologie Phénomeno-structurale dans l'étude de l'alcoolisme. *XVI International Rorschach Congress*. Lisboa.

Barthélémy, J.-M., & Viala, M.-F. (1993). Formes diferentieles d'expression dans le Rorschach des Processus organiques deficitaires. *Trabalho apresentado no XVI International Rorschach Congress*. Lisboa.

Delaunay, P. (1977). Rêve eveillé dirigé et analyse phénomeno-structurale. Prolongements dans l'experience mescalinienne de Henri Michaux. In *Psychopatologie structurale 2*. Lille: PUL.

Ganidel, G. (1960). Etude sur le langage de Flaubert et de Giradux. In *Cahiers du Groupe Françoise Minkowska*. Lille: PUL.

Helman, Z. (1959a). *Activité électrique du cerveau et structure mental en psychochirurgie*. Paris: PUF.

Helman, Z. (1984). Délire et vision en image. In *Psychopatologie structurale 4*. Toulouse: Erès

Helman, Z. (1971). *La poussée sensori-motrice*. Bruxelas: Dessart.

Helman, Z. (1983). La vision en image dans la courant de la psychopatologie struturale. *Bulletin de Psychologie XXXVI*, pp. 811-819.

Helman, Z. (1959b). *Rorschach et eléctroencéphalogramme chez l'enfant épileptique*. Paris: PUF.

Marty, P. (1988). *Mentalização e Psicossomática*. São Paulo: Casa do Psicólogo.

Minkowska, F. (1956/1978). *Le Rorschach: A la recherche du monde des formes*. Paris: Desclée de Brouwer.

Minkowska, F. (1936). L'hérédité dans la schizophrenie et dans l'épilepsie; la méthode généalogique, points de vue théoriques et pratiques. *L'évolution psychiatrique (Fasc. II)*.

Minkowska, F. (1923). Recherches généalogiques et problèmes touchant aux caractères. In *Annales Médico-Psychologiques II* (pp. 164-).

Ternoy, M. (1998). Une caracteristique specifique de la vision en image chez l'haluciné: détaillage. In *Bulletin de Psychologie, LI* (pp. 135-141).

Villemor-Amaral, A. E. (2004). O método de Rorschach e a Psicopatologia fenômeno-estrutural. *Estudos de Psicologia v. 21*, p. 73-81.

Wallon, H. (1925). La mentalité épileptique. *Journal de Psychologie, 22*, 500-515.

Wawrzyniak, M. (1982). Le desestabilisation du sentiment de realité à la adolescence: étude de rorschach et reference à une oeuvre poétique de Arthur Rimbaud. *Bulletin de Psychologie XXXVI*, 887-895.

Wertheimer, M. (1922/1945). *Productive thinking*. New York: Harper.

Yazigi, L. (1994). *A prova de Rorschach, a especialização hemisférica e a epilepsia*. São Paulo: Tese de Livre Docência - Escola Paulista de medicina (Unifesp).

Yazigi, L. (2006). As obras de Arthur Bispo do Rosário: um ensaio fenomenológico. *Inter.Ação, v. 5*, 1-18.

Yazigi, L. (1998). Essai psychologique sur la peinture d'El Greco dans une perspective phénoméno-etructurale. *Bulletin de Psychologie, v. LI*, 167-172.

Yazigi, L. (2009). Leonardo da Vinci, Rorschach e o movimento. In *Avanços e polêmicas em avaliação psicológica* (pp. 267-295). São Paulo: Casa do Psicólogo.

Yazigi, L. (2002). Two styles of mental functioning and literary language: a phenomenological psychological reading pf A. Machado and C. Cavafy. *Psicologia. Teoria e pesquisa, v. 18*, 315-322.

2

A SEGMENTAÇÃO DA IMAGEM E O MECANISMO DE CISÃO NA ESQUIZOFRENIA[2]

Deise Matos do Amparo

Associação: Obstáculo... (Dbl)
Inquérito: Obstáculo, porque parece. Aqui parece que tá se enfrentando, essa parte, aqui tá lutando para se encontrar . . . aqui parece que tá tendo uma luta . . . a separação (Resposta de Jorge à Prancha III).

---

[2] Agradeço ao CNPq o apoio para a realização da pesquisa e a Michel Wawrzyniak e Michel Ternoy pelas discussões do caso clínico apresentado neste capítulo, quando da realização do meu doutorado feito parcialmente na França.

A Psicopatologia de Minkowski: a esquizofrenia e a perda do contato vital com a realidade

Em uma abordagem que ressalta, na Psicopatologia, uma leitura a partir do *sentir* e do contato, Minkowski busca caracterizar na psicose o contato vital com a realidade como um distúrbio fundamental, um distúrbio de base da esquizofrenia. A perda do contato vital com a realidade que Minkowski (1927/1997) sublinha para caracterizar o distúrbio da esquizofrenia é, de fato, a perda da intuição e da capacidade de duração do vivido. Essa perda faz o sujeito rebater sobre os mecanismos compensatórios como o racionalismo mórbido e se destaca em dois traços na forma de ser em relação ao ambiente: a atitude **antitética** e o **egocentrismo ativo**.

A atitude **antitética** consiste em considerar todo ato da vida do ponto de vista de antíteses racionais, do sim e do não, do bem e do mal etc. Ela é resultado da falta do sentimento irracional de harmonia consigo mesmo e com a vida e implica no desaparecimento completo da noção de limite e de medida.

Já o **egocentrismo ativo** é definido como uma tendência a aplicar toda atividade à sua própria pessoa. É o eu *(moi)* e não a *ambience* o ponto de fixação, que o sujeito busca a todo instante. É a riqueza da vida que vem a desaparecer em razão de uma atitude mórbida do indivíduo. A intuição dá lugar à inteligência discursiva; a duração do vivido ao espaço lógico; e, a espontaneidade, à planificação.

Minkowski ressalta que o esquizofrênico não perde simplesmente a possibilidade de contato sensorial com o ambiente, mas a dinâmica desse contato, ou seja, o que faz o caráter vivo da relação do sujeito com o outro, essa onda "modulante", esse *élan vital* que constitui a atmosfera vivida, falta ao esquizofrênico.

O termo atmosfera, clima (*ambience, Stimmung*) é empregado por Minkowski para traduzir a ideia de mundo que nos cerca (*Umwelt*), diferindo do mundo próprio interno (*Eigenwelt*) e do mundo compartilhado (*Mitwelt*). A atmosfera, nesse sentido vivido, é diferente do mundo externo, dos objetos sólidos e imutáveis que fazem o suporte do mundo exterior, ao qual se atribui a qualificação de real. No *Traité de psychopatologie* (1966/1999), Minkowski aprofunda essa noção, ressaltando que nela o objetivo e o subjetivo não se separam nitidamente, bem como o interior e o exterior, não comportam o ponto de percepção da distância, pois ela toca, mesmo de perto, o indivíduo que se prolonga na atmosfera, e dela depende de uma forma íntima. O indivíduo a sente, mas não a conhece, pois se apresenta no "clima" e no "espírito". É dentro desse mundo ambiente que se fundamenta nossa afetividade, é nesse mundo que se estabelece uma importante relação com a noção de contato vital.

Minkowski (1966/1999) situa no centro da psicopatologia da esquizofrenia não somente a perda, mas a "ruptura" do contato vital com a realidade, acentuando essa brutalidade da experiência. Essa noção inspira-se no pensamento bergsoniano e toca o terreno da antropologia, quando se refere à existência humana, traduzindo um sentido mais amplo que o do contato afetivo, que constitui um setor da existência. Relaciona-se ao fator instintivo, fator este que se traduz pela apreensão mais profunda e mais íntima das coisas na sua origem, refere-se ao sentimento de medida e de limite, e, por outro lado, à "solidariedade funcional" do Eu e do mundo. Perdendo o contato com a realidade o indivíduo se perde, não é mais duas partes, mas uma só, indiferenciada. A concepção de homem, patológico ou não, nessa perspectiva, é considerada sob um modo estrutural.

Essa modificação, que interfere nos processos de diferenciação, compreende ao mesmo tempo o Eu e o mundo no qual o Eu vive. A ruptura do contato vital afeta a pessoa inteira e não apenas uma ou mais de suas funções. É a pessoa inteira na sua relação com a realidade que é atingida.

Com essa noção global de perda do contato com a realidade, o autismo, sintoma característico da esquizofrenia, segundo Bleuler, afasta-se da noção primeira empregada como uma ideia passiva de rejeição, como recusa do mundo exterior. A atividade autística pode se traduzir em atos, atribuindo um fator determinante à retirada da ligação com o mundo exterior. O que é primário no caso da psicose não é a atividade imaginativa por si só, própria dos processos psíquicos, mas sua disjunção radical com a realidade. Ela é imediatamente autística tanto quanto o ato ao qual ela dá lugar. Minkowski (1966/1999), opera um avanço decisivo na sua concepção para desenvolver a questão do autismo, que ele reconsidera como uma perda radical do contato com a realidade. O autor distingue, no entanto, autismo rico e autismo pobre, sendo que o primeiro tem como protótipo o sonho e é caracterizado pela constituição de um mundo imaginário e o segundo mostra o distúrbio esquizofrênico em estado puro.

A segmentação da imagem e o mecanismo de cisão na esquizofrenia

O que caracteriza a realidade é sua natureza viva e movente, diferentemente do ser a distância, que uma antítese racional poderia colocar. É nessa perspectiva dinâmica que os estudos fenomenológicos sobre a pessoa se constituem. Considera-se a ligação com essa realidade viva da mesma forma que a realidade se constitui por ligação à pessoa.

Minkowski (1966/1999) ressalta a integração do negativo no dinamismo existencial. São as leis de perspectiva do dinâmico que intervêm, marcando pontos de oposição antitéticos, mas há também uma nova integração do sim e do não, do positivo e do negativo enquanto uma lei geral. É nesse jogo particular do negativo que o pensamento transforma-se em uma oposição à sua maneira, em dois termos que se excluem. É esse jogo de oposição e antíteses que determina a forma.

A vida no seu dinamismo primitivo não considera o ponto de oposição dessa ordem, as categorias de tempo vivido e tempo mensurável, espaço geométrico e espaço vivido se confundem respectivamente. A ruptura mórbida com a realidade, que caracteriza o mundo esquizofrênico, configura um modo de pensar e de se conduzir dominado inteiramente pelas antíteses.

Essa deformação estrutural envolve as categorias de espaço e tempo. É a extensão no espaço que determina o valor das coisas, o pensamento espacial, nesse sentido, é hiperlógico. Segundo Minkowski, o esquizofrênico não admite o cimento entre os blocos de pedra, porque aquele constitui para este um ponto de apoio frágil que pode quebrar. Tudo o que é movente e dinâmico é dissipado nessas regiões palpáveis e glaciais. Na ligação autística com o mundo à sua volta, na sua perda de contato com o ambiente, o psicótico apresenta uma propensão aguda para racionalizar seus pensamentos e suas atitudes.

Em *Le temps vécu*, Minkowski (1933/1995) afirma que o esquizofrênico é tocado antes de tudo no seu dinamismo vital, imobilizando-se mais e mais e aprisionando seu psiquismo em relações de ordem puramente espacial. À medida que progride sua afecção o "pensamento temporal mostra-se mais e mais saturado de espacialidade interna". Mesmo as ideias de grandeza do esquizofrênico têm qualquer coisa "de imóvel", sendo suficientes nelas mesmas e ficando desligadas da vida ambiente.

Para colocar em relevo essa impregnação que sofre a esquizofrenia, em seguida ao desfalecimento do dinamismo vital, pelos fatores estáticos, espaciais e racionais, Minkowski utilizará a terminologia racionalismo mórbido, precisamente com o auxílio de Minkowska, geometrismo mórbido e pensamento espacial. Seguindo essa direção fenomenológica, Tatossian (1997a) retoma a definição de Von Gebsattel para diferenciar os distúrbios da temporalidade na neurose e na psicose. No primeiro, trata-se de distúrbios do tempo experimentado *(erlebte Zeit)* e no segundo, de distúrbios do tempo vital, ou vivido *(gelebte Zeit)*.

Com a fenomenologia antropológica, Minkowski defende ter a princípio um "duplo aspecto", o aspecto ídeo-afetivo de ordem psicológica e o aspecto estrutural espaço-temporal, de ordem antropológica (Tatossian, 1997). A novidade desse apanhado teórico em relação à psiquiatria clássica francesa é sua referência ao ponto de vista da estrutura. Ele apresenta uma concepção em que o distúrbio essencial não altera uma ou mais funções, mas reside no espaço intersticial. Apoiado na filosofia, Minkowski relembra que todo um lado de nossa vida escapa inteiramente ao pensamento discursivo, sendo que os dados imediatos da consciência, os mais essenciais, pertencem a essa ordem de fatos, pois são irracionais.

A concepção que Minkowski desenvolve sobre a esquizofrenia, faz avançar a perspectiva de Bleuler quanto à inteligibilidade dos fenômenos e enriquece o trabalho do seu mestre, levando em consideração o vivido do doente, confrontando-o com as suas ligações com tempo, o espaço e os outros. Estamos longe, naturalmente, das considerações do associacionismo e do relaxamento das associações que Bleuler pontua como originário da esquizofrenia. O objetivo de Minkowski é dar conta da pessoa em sua globalidade, considerando a estrutura da personalidade e a coerência que essa noção supõe entre os diferentes componentes do quadro clínico. Nessa perspectiva, a concepção de Minkowski, no que diz respeito à psicopatologia geral, desemboca na noção de distúrbio gerador, aplicado a diversas elaborações nosográficas (Grilliart, 1999).

Minkowski (1966/1999) interpreta o mecanismo psicopatológico da esquizofrenia, a cisão (*Spaltung*), pondo em evidência a disjunção, na qual ressalta o esquema espacial. Na disjunção não se trata de separar ou unir objetos, perspectiva de uma visão pragmática, mas de um mecanismo que se refere à *visão de mundo*. A disjunção está relacionada à tendência humana de colocar de lado os fatos desagradáveis, de não ver, de fazer como se determinado aspecto da existência não existisse. A disjunção, característica da esquizofrenia, difere da ligação particular dos epilépticos, mas ambos apresentam uma característica que domina o campo dos eventos irracionais; eles são automáticos. Nessa perspectiva, a disjunção e a ligação afetam as estruturas primárias da ligação com o mundo e os objetos. Eles marcam o espaço e omundo das formas. Não podemos reduzir a forma a um contorno, a um diagrama. Deve-se considerar a forma em toda a sua plenitude e sob todos os seus aspectos. A forma entendida como constituição de espaço e matéria manifesta-se pelo equilíbrio das massas, pelas variações do claro e escuro, pelo tom etc. (Focillon, 1943).

No capítulo sobre *disjunção e objeto*, Minkowski (1966/ 1999) conclui que, em virtude das diversas exigências da realidade, nós a decompomos em partes ou setores e, dessa maneira, colocamos o objeto diante de nós. E fazemos isso retirando tudo o que gravita em torno dele e, que primitivamente o envelopa, ou seja, toda essa atmosfera (*ambience*) viva e *movente* onde ele está mergulhado. Atmosfera onde tudo se assemelha e se confunde. É por uma verdadeira desnudação que chegamos a conceber o mundo dos objetos. Essa função de desnudação parece próxima do mecanismo de disjunção. A vida, no entanto, não é somente feita de objetos, é feita de dinamismo ao qual toda coisa ressente. Portanto, o homem tem necessidade de reatar, de estabelecer ligação. Essa necessidade, *função de reatamento* com o todo, ou fusão, pode tocar de perto a confusão, mas é a mola de todo ser humano e caracteriza a sensorialidade.

O confuso e o vago, portanto, são dois fenômenos vitais. O esquizofrênico, no entanto, instala-se no vago como em uma posição durável, um signo da perda de contato com a realidade. O termo vago é aplicado à ideação e aos conceitos, tomando-o como metáfora do mundo dos objetos.

Estamos, então, em face de uma psicopatologia do espaço vivido, sendo que não se trata de espaço matemático e inteligível, como o que pode ser estudado nas apraxias e outros distúrbios neurológicos, mas de uma noção que concerne à personalidade humana como um todo. Minkowski (1933/1995) afirma que existe um espaço vivido como existe o tempo vivido. Esse espaço, no entanto, não se reduz às ligações geométricas, sendo irracional, a-matemático e a-geométrico. O problema do espaço vivido coloca a questão da distância, não no sentido de "intervalo que separa dois pontos ou dois objetos no espaço e no tempo", mas de distância vivida e da duração vivida na sua organização no tempo. A distância vivida implica na delimitação de um espaço livre, onde não há contato imediato, no sentido físico da palavra, entre o eu (*moi*) e o vir a ser ambiente. O contato com o ambiente efetua-se sob ou talvez com a ajuda de uma distância que nos une uns aos outros, distância de caráter, dado puramente qualitativo, e que não está ligada ao espaço geométrico.

No esquizofrênico, a ausência de amplidão da vida, a tendência mórbida de reportar todas as ligações à sua própria pessoa, a sugestionabilidade, as preocupações hipocondríacas, entre outros fenômenos, mostram tratar-se, nesse quadro, da existência de uma deficiência da distância vivida, tendo como consequência a impressão de que a vida ambiente o "toca" de uma forma imediata.

Em contrapartida, o psicótico apresenta uma tendência à aglomeração, o outro está em contato direto, quase material, com ele. Minkowski (1933/1995) diferentemente de outros autores que vêem nesses fenômenos distúrbios da ideação e do julgamento, aponta que eles devem ser considerados expressão eidética de um prejuízo profundo trazido ao eu (*moi*) em suas forças vivas, e, mais particularmente, em suas ligações com o espaço vivido, ele busca o fundo mental, compreendido pelas dimensões primordiais do vivido do tempo e do espaço.

Baseando-se em um caso clínico apresentado no fim de seu livro, Minkowski (1933/1995) fala sobre os processos alucinatórios, indicando que, nesses casos, há uma modificação da tolerância da realidade perceptiva. O paciente funciona como se existissem dois mundos dissociados e sobrepostos um ao outro. Encontrando-se diante de impasse, ele projeta suas alucinações no mesmo espaço que suas percepções.

Essa perspectiva de Minkowski situada em uma fenomenologia antropológica, que coloca o contato vital com a realidade como distúrbio de base da esquizofrenia, é de forma ampliada apresentada em Amparo (2002) e Amparo (2006).

Minkowska e o mecanismo da cisão no Rorschach de esquizofrênicos

Os estudos de Minkowska (1956) associados ao Rorschach de esquizofrênicos, esclarece o mecanismo da cisão, encontrado na psicopatologia de Minkowski com o apoio do instrumento projetivo. Nas suas pesquisas realizadas no serviço do Dr. Laignel Lavastine, Françoise Minkowska encontra casos que lhe permitem observar as respostas dos pacientes esquizofrênicos ao Rorschach, testemunhando a mesma inflexão encontrada por Minkowski. A simetria, o corte, a abstração geométrica, o modo de apreensão desenhado pela forma, designam uma diferença de natureza cujas ligações íntimas encontram-se comprometidas. O elemento racional torna-se mais autônomo e impõe-se entre o imediato e a sua elaboração perceptiva. O paciente reage, fazendo prevalecer a dissecação, comprometendo a síntese e o contato com a realidade.

É o distúrbio essencial da esquizofrenia sob a forma de racionalismo mórbido. Com a análise da linguagem aparecem aspectos novos, como a fragmentação, o isolamento, a desvitalização, a separação das partes da prancha e as expressões de corte e divisão, reencontradas no Rorschach de esquizofrênicos, mostrando sua forma específica de ver e perceber. É o mecanismo da cisão, que compromete a percepção e o contato com a realidade, colocando um obstáculo à síntese do pensar, do sentir e do desejar.

Com o apoio do método de Rorschach e da análise da imagem e da linguagem, Françoise Minkowska e Eugène Minkowski integram a noção de cisão na esquizofrenia a um quadro estrutural, atribuindo a esta um lugar de mecanismo essencial. Para Minkowska, o mecanismo da cisão é a base primeira da forma de ser do esquizofrênico. Ela amplia a proposição de Bleuler quando pontua uma consequência que ultrapassa a cisão das funções psíquicas, descrita pelo autor, atribuindo ao mecanismo da cisão uma função organizadora do vivido pelo sujeito nas suas ligações com o mundo. Esse corte, tradução reconhecida na análise fenômeno-estrutural para cisão, será identificável e se manifestará em diferentes níveis da vida psíquica do esquizofrênico, aparecendo como operador fundamental da esquizofrenia e mais extensamente da série esquizorracional (Grilliart, 1999).

Para exemplificar esse mecanismo no Rorschach, apresentaremos a seguir um caso clínico.

O caso Jorge: a segmentação da imagem como efeito da cisão no Rorschach

Jorge tem 22 anos e é o mais velho de três irmãos. Segundo narrativa dos pais, teve uma infância normal com muitos amigos. Entretanto, na adolescência, mostrou-se tímido e introvertido em relação às mulheres, tendo algumas experiências com álcool.

Seu pai conta que Jorge sempre foi dócil, calmo, obediente, estudioso e sociável, *"era um menino normal, fazia bastante atividades"*, praticava esportes e estudava bastante. Não chegou a fazer o exame vestibular, porque não concluiu o terceiro ano do segundo grau.

Aos 18 anos começou a mudar o comportamento, questionando as regras e tornando-se mais agressivo. Passou a se isolar, ficava inquieto e insone. Nesse período, foi ao psiquiatra porque imaginava que seu pênis estava sumindo e que seu corpo diminuía. Ficava parado na frente do espelho perguntando-se sobre o que estava acontecendo. Na ocasião foi medicado sem apresentar melhora, falava e sorria sem motivo aparente. Aos dezenove anos os sintomas pioraram e foi quando ocorreu uma tentativa de suicídio. Nessa ocasião, foi internado e recebeu o diagnóstico psiquiátrico de esquizofrenia paranóide.

Jorge esteve internado outras vezes em hospitais gerais e, logo depois, passou a ser acompanhado em hospital dia. Na época das internações, os motivos da crise eram: agitação psicomotora, agressividade física e verbal e relatos de alucinações cinestésicas, queixava-se das vozes dos vizinhos que escutava, apresentava comportamento sugestivo de alucinações auditivas, com fluxo confuso de pensamentos e persistência de discurso delirante. Relatava experiências de alteração corporal e diminuição do corpo. Na época de aplicação do Rorschach, apresentava um quadro estável, com discurso lógico coerente e crítica preservada, relatou ter parado de ouvir vozes.

Tanto nas entrevistas como no Rorschach o discurso é entrecortado, com pouca produção imaginativa. Ele tem dificuldade de falar da história pessoal e de suas lembranças.

A princípio, a associação no Rorschach de Jorge chama-nos a atenção. As respostas são apresentadas por uma só palavra, sem um contexto de interlocução. O texto da associação é paradigmático, contradizendo o que disse Lanteri-Laura (1969), que caracteriza essa etapa da prova de associação:

> Ela (a narração) descreve a prancha ou certas partes, mas o enunciado de dizer o que faz pensar a prancha e os elementos da prancha não são suficientes

41

jamais para impor um reconhecimento exclusivo de um objeto determinado, essa narração relata como um discurso conotativo vem dar lugar a um discurso denotativo impossível.... (p. 24-25)

No Rorschach de Jorge encontramos, nessa primeira etapa, a ausência da narração. Do ponto de vista da linguagem, a associação aparece sem conectivos, advérbios ou pronomes; são os substantivos e os adjetivos abstratos que marcam sua produção diante da prancha, associações de palavras e conceitos, sem um contexto discursivo. A ausência de frases empresta uma conotação bizarra ao discurso. Cada resposta parece demarcar um ato isolado, embora possamos identificar, em algumas pranchas, que a ligação se estabelecerá em um segundo tempo, no do inquérito.

O inquérito é um momento interativo em que Jorge modula a linguagem e formula nuances com a realidade, estabelecendo um reencontro com o aplicador, que o leva à explicitação da associação. Nesse reencontro às vezes verificamos a descontinuidade como forma de separação (corte) no espaço, na qual a parte é tomada pelo todo, ressaltando uma disjunção importante na relação parte/todo, que é da ordem do deslocamento psicótico.

Prancha I

Associação	Inquérito	Codificação		
1 - Asa	1 - O formato.	D	F+	Ad
2 - Triângulo	2 - Parece, a forma.	Dbl	F+	Geom
3 - Montanha	3 - Parece, (faz gesto com a mão) no topo os lados da montanha.	D	F+	Geo

A segmentação da imagem e o mecanismo de cisão na esquizofrenia

Continuação da Prancha I

Associação	Inquérito	Codificação
4 - Morcego	4 - Para mim, parece, o olho dele. Para mim, parece o olho a forma é igual.	Dbl F- Ad
5 - Reto	5 - Aqui tem uma linha escura. Aqui tem uma reta. É que tem aqui desenhado.	Dd F+- Geom Referência ao centro
6 - Pé	6 - Aqui tem duas, parece, para mim, ter dois desenho. É o formato.	Dd F- Hd
7 - Bacia	7 - O formato, assim né... (faz com a mão).	Dd F- Osteo
8 - Pico	8 - Só a parte de cima. A parte de cima desses dois. Para mim a aparência.	Dd F+ Geo
9 - Mão	9 - Parece uma mão assim desse jeito (faz com a mão). A abertura.	Dd F+ Hd

Comentário da prancha I

A localização das respostas em pequenos detalhes e no espaço em branco (Dd e Dbl) compõe a maior parte das respostas. Essa atenção dada aos pequenos detalhes (Dd) em detrimento da resposta global banal dessa prancha faz-nos pensar em um modo de visão em imagens marcado pela segmentação.

No nível do determinante, a predominância da apreensão formal inaugura o modo de percepção no Rorschach, com alternância de boas formas (F+) e formas com pouca consistência (F-), organizando a produção de imagens, particularmente nas respostas relativas a uma temática corporal e que não são integradas em uma organização formal adequada. Relembramos a característica do início

43

de seu processo psicótico, ligado a alterações corporais, tocando a integridade da imagem do corpo.

A cisão na construção da imagem torna-se mais evidente no espaço de tempo entre a associação e o inquérito. Nas três primeiras respostas encontramos uma continuidade entre a associação e o inquérito. No entanto, a quarta resposta, *"morcego"*, é marcada por um deslizamento, uma descontinuidade na explicitação, o que nos leva a pensar em uma imagem de outro tipo, com uma mudança de estatuto, revelando uma cisão na ligação da palavra com a imagem.

No inquérito, com a criação de um espaço de interlocução, surgem os conectivos, os verbos, que dão um pouco de dinamismo ao protocolo. Entretanto, observa-se que nesse espaço de tempo concreto, a imagem se parcializa. A resposta: *"morcego"*, dada na associação livre, que poderia ser uma global, sofre uma segmentação quando demandamos por sua determinação no inquérito. Para localizar, Jorge segmenta a imagem respondendo: *"Para mim parece o olho dele"*.

A tendência dissociativa do pensamento é evidenciada pelo efeito de descontinuidade que faz perder a noção e a globalidade. Quando solicita-se que ele precise a imagem, Jorge a corta e a segmenta, referindo-se a uma parte, anulando a noção do todo. Ele vê algo da imagem banal de um morcego, mas trata-se forçosamente de algo bizarro quando não faz referência ao objeto original, mas ao detalhe, uma forma de fazer uma segmentação no espaço, denotando uma perturbação importante da relação todo/parte, com o branco inquietante (Dbl), servindo de suporte para a resposta.

A segmentação da imagem e o mecanismo de cisão na esquizofrenia

Jorge vê o morcego, mas a relação anafórica se faz ao olho *"Para mim parece, o olho dele"* e *"Para mim parece o olho a forma é igual"*. Encontramos aqui o mecanismo denominado detalhamento (*détaillage*), particular dos alucinados, que se apresenta na diluição da visão do mundo de formas. É um modo de desagregação da imagem. A precisão de uma parte da resposta toma o lugar do todo, a unidade da imagem perde a sua consistência por isolamento de um de seus segmentos cortado do restante e que entra em discordância com a figura original (Ternoy, 1998).

A disjunção entre a associação e o inquérito surge quando Jorge é chamado para fazer a referência e parcializa a imagem. Preenchendo o branco, faz do *"olho"* o indício significante do *"morcego"*. É o negativo, o vazio, o virtual que vem definir a imagem, impondo-se de forma inquietante e persecutória, portando o lado autêntico do afeto vivido, possivelmente também na transferência. O morcego que parece evidente no inquérito é denegado da sua presença em um tipo de negativismo essencialmente esquizóide. Está-se diante de uma lógica em que o que permite identificar a imagem é um detalhe particular, que, por um mecanismo dissociativo, leva a parte a ser tomada pelo todo.

Em uma análise, do ponto de vista global, encontram-se várias vezes duas imagens na mesma localização, como pode ser observado nas respostas: asa/montanha, triângulo/olhos, mão/pé, bacia/pico. A partir disso, pode-se levantar a hipótese de uma telescopagem da imagem pela localização. Nessa perspectiva, não se trata de uma alternativa, são duas imagens que aparecem no mesmo lugar e podem ser colocadas ao lado da transformação delirante da imagem.

Psicopatologia fenômeno-estrutural

As respostas geométricas *"triângulo, reto"*, a desvitalização da resposta osteológica *"bacia"* e a referência ao centro são características que evidenciam o movimento esquizorracional, do lado da desvitalização.

Prancha II

Associação	Inquérito	Codificação
1 - Caldeirão	1 - Bom... parece... esse desenho todo parece algo quente, incendiante para mim é o desenho todo. Principalmente o vermelho. A cor.	G C Obj
2 - Meio	2 - A <u>centralização</u>. Bom... Para mim é que em parte aqui... para mim essas duas figuras...	Dbl (DblD) Po Geom Referência ao centro
3 - Foca	3 - Pode ser esses dois só que <u>separadamente</u> cada um. A metade, esse e essas duas focas. Para mim aqui parece a cabeça aqui é aqui (aponta embaixo).	D F+ A Referência à divisão
4 - Marinho	4 - A cor dessas figuras. O desenho escuro. Pela foca que é uma foca.	D C' Abst (A)
5 - Animal	5 - Animal estaria aqui nas focas. Apenas aqui e aqui. A cabeça.	Dd F- Ad
6 - Leão	6 - Aqui e aqui parece a juba. As pontas.	D F- Ad
7 - Vermelho	7 - Vermelho.	Cn
8 - Quadrado	8 - Esse centro. É que me lembra, pode não ter quatro lados, mais me lembra.	D F- Geom Referência ao centro
9 - Mar	9 - Para mim é porque também os animais esses dois aqui, que eu disse que parece a foca, aí me lembrou o mar. Porque são animais marinhos. Esses dois animais eles lembram o mar, porque para mim foca lembra o mar.	D F- Elem (A)

Comentário da prancha II

Contrastando com a ausência de respostas globais na outra prancha, Jorge começa aqui com uma resposta global (G) em que o vermelho, a cor, tem um valor integrativo, mas violentamente impulsivo. A forma do objeto "*caldeirão*" não é pregnante na construção da imagem. O que sustenta essa construção é a cor em sua intensidade, pois a impressão que ele tem do vermelho não pode ser integrada em uma formalização mediada. Quando ele diz "*caldeirão*", sua percepção é sincrética; de forma subjacente há elementos que apontam a sensibilidade ao vermelho como o corpo formador da resposta. Pode-se dizer que há uma associação ao fundamento (C). O vermelho desperta-lhe uma impressão sensorial, que é esclarecida no inquérito da seguinte maneira: quando lhe solicitamos que precise a determinação da resposta, Jorge diz: é "*algo quente, incendiante*", demonstrando um contato direto, sem mediação, que contradiz imediatamente a impressão de resposta formal da associação.

A nominação de cor na sequência das respostas comprova a impregnação do vermelho, bem como a impulsividade que ela desperta. Pode-se, também, levantar como hipótese a ser comprovada no decorrer do protocolo, que a medicação neuroléptica estimula o polo sensorial e a sensibilidade ao vermelho.

De forma ambivalente e paradoxal, a resposta simbólica de eixo "*meio, centralização*" revela bruscamente a passagem de um contato sensorial para a ancoragem no movimento esquizóide. Observa-se a busca de um vazio central que tende a uma rigidez, a uma lógica do vazio de imagens. A centralização é algo abstrato. A percepção do meio é um espaço vazio, algo que não pode ser partilhado, perdendo a função do espaço entre o dois que pontua diferenciação. Jorge encontra o vazio no qual a capacidade de formalização não se efetiva, é a posição que determina a resposta.

Delaunay (1975), em uma análise das palavras centro e meio no texto literário, encontra no texto de Flaubert, que tem configuração sensorial, inúmeras referências ao *"meio"*, demonstrando uma impulsão de ligação. Já no texto de Giradoux, as referências de linguagem são feitas ao *"centro"*, denotando uma posição mais abstrata e esquizóide. Jorge faz, na segunda resposta, exatamente essa passagem, que se desloca do movimento sensorial para o abstrato. O que ele vê é o vazio, perdendo a função do entre dois, que serve ao mesmo tempo de diferenciação da imagem e por consequência do corpo.

Na terceira resposta, *"foca"*, a cisão se passa na linguagem, no momento de precisar a localização no inquérito, quando usa as expressões: *"separadamente, metade"*, referindo-se à construção da boa forma animal *"foca"*. Nesse momento, observa-se também a cisão na construção da imagem. Jorge mistura dois registros, para ele indiferenciados, que são o real da lâmina e o da imagem. De um lado, descreve os dois lados da prancha e a marca se faz em relação à prancha e sua metade, e, de outro lado, introduz a imagem unitária vista anteriormente, em uma forma dupla, *"essas duas focas"*, correspondendo à divisão da prancha. Ao mesmo tempo, vê o real concreto da prancha e a imagem. Ele tenta sobrepor os dois registros e essa sobreposição designa uma forma de apropriação do espaço vivido com limites intercambiáveis que reenviam ao registro da imagem fantástica.

Na quarta resposta, a abstração vem comandar o vago da percepção com a resposta: *"marinho"*. Nota-se que, ao mesmo tempo, algo não funciona na capacidade de referir. Pode-se identificar essa dificuldade em fazer a referência, quando Jorge é solicitado no inquérito a identificar a determinação das respostas e ele agrega na argumentação uma tautologia *"pela foca que é uma foca"*, em que a referência ao objeto é abandonada e sobra o escuro da prancha (C') para explicar a impressão de marinho. A linguagem é circular e não oferece elementos que permitam dar significados à imagem. A associação não tem conteúdo imaginativo, e *"marinho"* é o que resta quando se retira a representação da foca. Estamos, então, do lado da abstração e da dissociação (*Spaltung*).

Nas duas respostas seguintes o mesmo movimento de parcialização do conteúdo feito na prancha anterior aparece. As respostas: *"animal"* e *"leão"* são vistas por reconhecimento de partes (Ad) tornando negativa a forma original (F-). Na primeira resposta, *"animal"*, a sobreposição do espaço se esclarece no inquérito, quando um corpo é visto dentro de outro corpo, *"animal, estaria aqui nas focas"*. A sobreposição da imagem indica a indiferenciação do espaço vivido.

Nesse protocolo, encontram-se diferentes níveis de indiferenciação do espaço vivido: por sobreposição da imagem, por ausência de diferenciação dentro/fora e ausência de distinção real/imagem. Dessa forma, Jorge deixa a impressão de que não pode estruturar um espaço vivido que não seja interpenetrável.

A incapacidade de estruturar o espaço vivido de fato interdita a estruturação do tempo vivido que enraíza a imagem em sua duração. A dissolução da imagem transparece na última resposta: "*mar*", pois é um mar que não existe. É a categoria elemento (Elem) que inaugura o conteúdo da percepção, "*animais que... parecem foca, aí me lembrou o mar. Porque são animais marinhos*". O ato de referência não é feito em relação ao mar, a imagem não é a do mar, pois não apresenta substância formal. No entanto, essa forma de perceber, em Jorge, cria algumas questões: o que liga o mar à foca? Como ele passa do "*mar*" à "*foca*", que aparece no inquérito para justificar a resposta "*mar*"?

A noção de elemento que se refere a tudo que cria meio, contexto, mundo em volta, faz-nos, de certa maneira, compreender o que liga o paradigma ao sintagma na implicação circular, mar →foca e foca →mar. Sua organização argumentativa é tautológica, sua forma de pensar é autística. A parte não faz referência ao todo, mas a um outro todo ou a uma outra parte. Tudo se justifica sem que tenha um significante original. Permanece, no entanto, algo da categoria elemento que faz emergir a resposta criando a ambience. Essa noção de elemento reenvia ao contexto. Há um aspecto do objeto que, nesse caso, é traduzido pela noção de elemento que ele extrai e completa pelo laço sintagmático.

A segmentação do discurso na associação, sem uma construção sintagmática que contextualiza e temporaliza, reafirma a perturbação do tempo vivido, as partes não podem ser integradas na língua, os verbos que reenviam ao modo temporal estão ausentes.

Prancha III

Associação	Inquérito	Codificação		
1 - Puma	1 - O rosto do felino. A aparência, o olho, o nariz.	DDdbl	FE	Ad
2 - Pulmão	2 - Aqui nesse vermelho. Parece as cavidades. Esses dois meios aqui (o meio).	D FC Anat Referência ao meio		
3 - Bezerro	3 - Aqui parece o casco dele, parece o casco do pé... do pé?... da pata.	Do	F+	Ad
4 - Atrium	4 - Para mim atrium lembra vermelho. É algo relacionado a coração.	D	C	Anat
5 - Batata	5 - A forma é igual.	Dd	F+	Alim
6 - Cara	6 - Aqui nesses dois. Aqui tem o nariz, o olho e o cabelo.	Do	F+	Hd
7 - Cinza	7 - Por causa da cor	C'n		
8 - Escuro	8 - A cor.	C'n		
9 - Obstáculo	9 - Obstáculo porque parece. Aqui parece que tá se enfrentando essa parte, aqui parece que tá lutando para encontrar... Aqui parece que tá tendo uma luta... A separação.	Dbl Abstração (→k) Referência à ligação Referência à divisão		
10 - Branco	10 -Não tá colorido.	C'n		

Comentário da prancha III

Nessa prancha, Jorge mostra-se novamente sensível à cor. O vermelho é interpretado como *"pulmão"* e depois como elemento,*"atrium"*, que lembra coração. O comentário *"esses dois meios aqui"* mostra que ele é sensível também às cavidades e ao meio, como busca de referência e sustentação, pontos de apoio subjetivo, em um contexto no qual a preocupação central liga-se ao corpo e à sua dissociação. As partes do corpo e a anatomia, *"cara"*, *"pulmão"*, *"coração"*, substituem a resposta de figura humana, normalmente presente nessa prancha, pois a dissociação vivida impede a organização de uma resposta humana (K) integrada. O que parece mais importante nesse protocolo é a segmentação, marcada na localização das respostas pelos inúmeros Dd, Dbl e Do, signos desse despedaçamento.

A nominação das cores denota a dificuldade de imprimir outro sentido à sensação vivida. O cinza, o escuro e o branco são elementos da percepção, mas não inauguram um espaço de projeção, pois é o real bruto da prancha que sobressai na descrição.

A atração pelo branco e pelo espaço vazio (Dbl) é anunciada na resposta abstrata *"obstáculo"*. São o espaço e a animação simbólica da matéria, *"eles estão se enfrentando... tá lutando para se encontrar... a separação"*, que organiza a resposta. As expressões de linguagem *"encontrar"* e *"separação"* denunciam a ambivalência vivida. A *Spaltung*, na forma da ambivalência, deixa sua marca nas respostas dessa prancha. Essa resposta, de certa maneira, explica a impossibilidade com que Jorge se vê defrontado. É uma impossibilidade de integrar as duas partes escuras da prancha e visualizar um humano inteiro (K). Minkowska (1956), no capítulo sobre o clima das pranchas, diz que é necessário fazer um salto do branco para ligar as duas partes pretas e visualizar o humano inteiro em movimento. Para Rorschach trata-se *de um momento cinestésico primitivo*, que permite fazer a abstração dessa separação e integrar um movimento humano (K). Jorge explicita sua impossibilidade, construindo uma resposta abstrata: *"o obstáculo"*, que preenche o espaço intervalar. Esse modo de visão é um preenchimento que não liga, ao contrário, reforça a falha e a divisão.

Observa-se que é importante essa noção de luta implicada nessa resposta ". . . *tá lutando para se encontrar*". Fazendo um paralelo com Antonin Artaud, Delaunay (1977) mostra como essa "noção de luta" é fundamental na busca pela saída do processo dissociativo, pois implica em uma tentativa de saída do processo mórbido. Jorge fala em luta, significando, talvez, uma busca de saída para o processo mórbido que não consegue ser efetivado, pois, ao mesmo tempo, ele fala em separação.

O despedaçamento do protocolo é o resultado dessa separação, da incidência da *Spaltung* como mecanismo disjuntivo. No entanto, o que surge como obstáculo, por tratar-se de uma descontinuidade, transforma-se em "*conflito*" para ultrapassar o obstáculo que surge como significante de algo mais vasto que é a luta para superar a separação e a dissociação.

Prancha IV

Associação	Inquérito	Codificação		
1 - Rato	1 - É que parece a cauda é aqui esses (refere-se as pontas) umas tiras. (F)	D	F+	Ad
2 - Bota	2 - Parece aqui um calçado. Parece que é igual. Para mim esse aqui parece um calçado muito igual.	D	F+	Obj
3 - Tamanco	3 - Por causa do tamanho parece um sapato grande. O bico aqui da sola.	D	F+	Obj
4 - Presépio	4 - É porque aqui parece letra "p" aqui me lembrou presépio.	D	F-	Obj/ Letra
5 - Cauda	5 - Só aqui esses quatro o comprimento.	Dd	F-	Ad

Continuação da Prancha IV

Associação	Inquérito	Codificação		
6 - Bigode	6 - Parece as pontas.	Dd	F-	Hd ou Ad
7 - Coxa	7 - Em cima do calçado. A extensão, a grossura. É porque aqui é grosso e grande.	D	F+	Hd
8 - É pico... é montanha	8 - Para mim é igual. Isso aqui e aqui o pico. Aqui apresenta um pico e aqui uma montanha. Só as extremidades.	Ddpm	F+	Geo
9 - Principal	9 - Porque, principal é assim, é o que eu mais gostei esse desenho. É o desenho todo.	Gv		Abst
10 - Forte	10 - Parecia um desenho robusto. Aqui parece umas pernas muito jovens, muito forte. Principalmente nas pernas, pela formação. Principalmente.	Gv (D	F+	Abst Hd)

Comentário da prancha IV

A visão de imagens é essencialmente formal. Alternam-se respostas de boa formas e de formas malvistas. A fragmentação está novamente presente nessa prancha como marca da visão de imagens em todo o teste. No caso da primeira resposta, o *"rato"*, da associação, quando demandamos a localização no inquérito, não é a imagem global que surge, mas o *"rabo"*, retratando um despedaçamento da globalidade. Quando Jorge retoma somente o *"rabo"*, no segundo tempo, faz um movimento de reter só uma parte da imagem, segmentando-a na temporalidade e na duração. Algumas vezes aparece esse fenômeno que Ternoy (1998) denomina detalhamento (*détaillage*). Para precisar a forma, o sujeito toma um aspecto do objeto, o objeto detalhado perde sua permanência. Não podendo chegar ao objeto, ascendemos a uma mudança de realidade. A busca do detalhe parece se inscrever em uma demanda sensorial, na qual a unidade da imagem perde sua consistência, sua identidade e coerência por isolamento de um de seus segmentos, considerado cortado do restante por um mecanismo de divisão, e que entra em discordância com a figura original. Essa parte cortada de seu contexto inicial vem a ser indutora de outro conjunto descontínuo ao precedente.

Esse mecanismo apresenta-se claramente nas respostas 2; *"bota"*, e 3; *"tamanco"*. No inquérito ele faz referência ao *"bico aqui da sola"*, explicitando o detalhe da imagem, que transforma a *"bota"* em *"tamanco"*, ambas na mesma localização. Jorge é incapaz de sair do despedaçamento, pois a unidade perde sua consistência na duração.

Na quarta resposta, a forma é negativa (F-). A determinação da resposta *"presépio"* vai se realizar, não pela imagem, mas por associação ao significante, ao registro linguístico. Não se trata, pois, de percepção de formas. A busca de sentido da prancha não se encontra no registro da imagem, mas no registro simbólico da língua. A letra *"p"*, que remete ao presépio, não envia a uma relação objeto-imagem. Jorge não vê em imagens, ele lê. Pode-se, então, elaborar a hipótese de que esse recurso ao registro simbólico da letra, na visão em imagens, funciona como uma forma compensatória para a ausência de imagens.

As referências *"comprimento, pontas, extensão e grossura"* registram, no nível da linguagem, uma modalidade de apreensão da imagem comandada pelo geometrismo, pois o espaço é apreendido racionalmente e carece da dinâmica vivida. Minkowski (1927/1997) considera a geometrização do espaço resultante do caráter essencialmente racionalista e mórbido do esquizofrênico, que o faz perder a dinâmica do seu espaço vivido. Delaunay (1975) refere-se a esse tipo de construção como *constelação do vazio*, no sentido de que surge uma lógica abstrata que oscila entre as imagens específicas e a vacuidade, conjugando o esquematismo e o geometrismo. Em Jorge esse processo é subliminar, ele faz referencia a conteúdos, mas encontra-se, de forma subjacente, a constelação do vazio e a lógica esquizóide.

Nas resposta *"pico... é montanha"* encontramos qualquer coisa de indiferenciado, com o sobreinvestimento dos limites na localização da resposta perimacular (Ddpm). Para Delaunay (1975), essas respostas, elaboradas a partir do contorno, são signos da cisão.

Desde o início, esse protocolo é espantoso pelo corte, pelo despedaçamento na expressão da língua. Não são frases formadas, mas palavras, e essas palavras, na sua maior parte, são substantivos que fazem apelo à substância. Nessa prancha, há uma alteração com a presença de adjetivos abstratos. A perda da forma fica mais clara no fim da prancha, pois no contínuo de produção das imagens restam impressões globais e abstratas. As abstrações *"principal"* e *"forte"* finalizam a forma de apreensão da prancha. Globalmente Jorge dá um sentido ao que ela evoca, mas, quando demandado no inquérito pelo determinante e pela localização, não constrói um ancoramento simbólico.

Na resposta *"forte"*, por exemplo, é a impressão de força que surge, mas não a imagem, é o desenho que *"parecia um desenho robusto*". Estamos do lado da simbolização esquizóide, que traz em si um choque semântico, pois um desenho não pode ser robusto, só podemos falar de um desenho robusto se introduzirmos uma metáfora original que sustente esse adjetivo. Em Jorge, a resposta surge como uma impressão global, sincrética e abstrata (Gv Abst) com um inquérito recheado de excesso de significações incongruentes e tautológicas tomadas como evidência, *"Parecia um desenho robusto. Aqui parece umas pernas muito jovens, muito forte. Principalmente nas pernas, pela formação."* Ele tem uma impressão de força por causa das pernas. Essa referência ao corpo, no inquérito, denuncia a preocupação com a imagem corporal.

Em contrapartida, Jorge diz-nos que esse é o desenho de que ele mais gostou: *"porque principal, principal é assim, é o que eu mais gostei esse desenho. É o desenho todo"*. A razão pela qual ele mais gostou é a impressão de globalidade subjacente; essa impressão de globalidade está lá, presente no clima da prancha, como contra-argumento ao despedaçamento, como uma tentativa de consonância com seu ritmo espacial.

Prancha V

Associação	Inquérito	Codificação
1 - Voar	1 - É que me lembra um algo aéreo. Um animal aéreo principalmente pelas asas. Para mim parece asas. Principalmente aqui (abre os braços).	Gv Abst (DG F+- A/Ad)
2 - Mamífero	2 - Porque apresenta ser um morcego. Parece um morcego de costas a aparência. As pernas é o que mais parece.	G F+ Abst/A

Continuação da Prancha V

Associação	Inquérito	Codificação		
3 - Antena	3 - Parece o formato.	D	F+	Ad
4 - Braço	4 - Parece antebraço. Parece um músculo do antebraço.	D	F-	Hd
5 - Ombro	5 - É igual. O formato.	Dd	F-	Hd
6 - Voador	6 - Porque aqui parece asas aí lembra é relativo. Asas lembram voo. As asas.	G (Do	F+- →kan	A/Abst Ad)
7 - Noturno	7 - Porque é igual a um morcego e o morcego é da noite, o desenho todo.	Gv (F+	C'	Abst A)
8 - Dormir	8 - Porque o morcego está... o espaço em branco lembra o dia, e de dia ele está dormindo. O branco é que é de dia o morcego dorme aqui, para mim tá de dia.	Gv (GDbl	C'	Abst A)
9 - Contrário	9 - Ele tá de costa. Parece que ele tá de <u>costa</u> o morcego do desenho.	Gv (F+	Po	Abst A)
10 - Asa	10 - A armação, os lados.	D	F+	Ad

Comentário da prancha V

A primeira resposta *"voar"* não é um K verdadeiro, no sentido da integração forma/movimento/humano. A diluição da imagem é evidente nessa construção esquizóide, em que o tempo da sensação e da percepção se sobrepõem sem mediação. Estamos no terreno da evocação do movimento, no abstrato. A imagem não tem consistência, pois o modo de apreensão é vago, sua expressão é sincrética. *"Voar"* é um modo verbal que não entra na duração, pois tem uma função abstrata; é uma capacidade que não corresponde a um objeto, é uma qualidade do substrato. O que ele vê evoca uma ideia de voar, mas não tem forma, é a ideia geral. A precisão do animal aéreo que surge no inquérito é pouco consistente, mas próximo do voador. No inquérito ele diz: "... *me lembra um algo aéreo. Um animal aéreo principalmente pelas asas. Para mim parece asas... principalmente aqui (abre os braços)*", não se trata de visão em imagens, a percepção é vaga, *"algo aéreo"*. Observa-se a ausência do espaço imaginário, pois este é ocupado por uma lógica negativa que impede a visão em imagens, fazendo sobressair a sensação vivida. O gesto revela o sentido da construção da imagem quando faz referência ao próprio corpo.

Em um estudo sobre adolescentes esquizóides, Wawrzyniak (1982) demonstra como a mímica, ao fazer referência ao corpo, coloca-se como fortaleza que sustenta o não afundamento da imagem. Jorge se exprime por gestos, como se com seu corpo pudesse sustentar as imagens. Nesse caso, o corpo não é simplesmente um acompanhamento, como no caso dos epiléticos sensoriais, mas é um recurso para evitar o desabamento. Jorge recorre, ora ao corpo, ora à linguagem para evitar esse desabamento.

Logo a seguir, vem a segunda resposta; *"mamífero"*, que é uma generalização sem diferenciação entre o reino humano e o animal. No inquérito, Jorge tenta fazer esse movimento de diferenciação, mas é a indiferenciação que sobressai quando diz: *"apresenta ser um morcego..., de costa a aparência... as pernas"*. A mistura de partes do corpo humano na percepção do morcego transforma a imagem em uma percepção híbrida. O que caracteriza o *"morcego"* é justamente o que ele não tem, que são *"as pernas"* que fazem parte do universo humano. Jorge tenta explicar o que provoca estranhamento e é inexplicável; trata-se de uma mistura de registros.

As partes do corpo humano "*braço*" e "*ombro*" são malvistas (F-) e, quando projetadas na prancha, permitem apontar que, em Jorge, a imagem do mundo e do corpo encontram-se dissociadas, ao mesmo tempo que indiferenciadas, já que os limites são tênues e a separação sujeito-objeto às vezes não consegue ser demarcada. As alterações da imagem refletem a forma de habitar o próprio corpo e o sentimento de existência de ser.

A sexta resposta, "*voador*", sintetiza a fluidez desse sentimento de existência de si e o distanciamento do clima da prancha, quando ele não dá como resposta movimento, dominado por uma necessidade de generalização abstrata. No protocolo de Jorge, estamos sempre diante de um deslocamento de registro e o que ele exprime é algo da ressonância tímica emocional, tem uma sensibilidade ao clima da prancha, mas não há suporte na representação.

Nessa forma inicial da associação livre, a resposta "*voador*" não agrega o sujeito. Fazendo uma análise do termo voador, Benveniste (1966) é esclarecedor quando afirma que:

> ... o sujeito não se faz se ele não justapor uma precisão julgada necessária por compreensão do conteúdo e por determinação da forma. Assim, "voador" não significa "um pássaro que voa", mas "ele voa (*sic*) o pássaro". A forma voador é impessoal nela mesma e não inclui a noção gramatical de sujeito. (p. 231)

Essa neutralização do sujeito do enunciado, do ponto de vista fenomenológico, pode ser compreendida como um processo de desvitalização, em que o sujeito será reduzido à sua qualidade mecânica. O movimento persiste, mas é vazio, devido à ausência de enraizamento.

Nessa mesma direção, a resposta *"voador"* traz em si mesma um caráter bizarro. No inquérito, Jorge precisa: *"porque aqui parece asa, asa lembra voo"*, fazendo-nos lembrar das imagens esquizóides de partes de animais em movimento autônomo que aparecem nos poemas de Lautréamont, como Ivone Rispal (1964) nos indica, "um coração de pássaro que voa". É o movimento de uma parte que faz a função do todo. É importante explicitar o caráter dessa cinestesia, porque ela nos indica a ausência de ancoragem no mundo e, ao mesmo tempo, a lógica de funcionamento da parte como função do todo, levando-nos à dinâmica da dissociação do espaço e do corpo.

As respostas seguintes *"noturno"* e *"dormir"* retornam novamente à abstração e à fugacidade. No entanto, no inquérito, Jorge faz referência ao conteúdo *"morcego"*, anteriormente visto em uma resposta global no inquérito da segunda resposta: *"mamífero"*. O morcego introduzido nessa resposta não indica que ele está lá como imagem vivida. A imagem não é diferenciada pelos seus contornos formais, e no inquérito Jorge é bastante claro quando tenta diferenciar a imagem: *"porque é igual a um morcego e morcego é da noite"* e, em seguida: *"o espaço em branco lembra o dia, ele está dormindo, é que de dia o morcego dorme aqui para mim tá de dia"*. Essa forma de ver aponta para uma sensibilidade ao contraste, entre o negro e o branco, que põe em jogo os contrários. Jorge tenta organizar a imagem, mas ela não tem consistência na representação. O mecanismo ambivalente do contraste do preto com o branco é uma forma menor de *Spaltung*.

Em Jorge, a lógica explicativa do *"porque"* ainda permanece remetendo a uma tentativa de manutenção da duração na temporalidade. A marca da introdução do *"outro"* no espaço de interlocução do inquérito torna o protocolo menos autístico.

Prancha VI

Associação	Inquérito	Codificação		
1 - Gato... focinho	1 - Para mim parece o rosto de um felino. Aqui parece o focinho. Principalmente parece o focinho, aqui o pelo.	D	FE	Ad
2 - Cabelo	2 - Essa parte.	Dd	FE	Hd
3 - Pata	3 - Porque aqui parece a parte que esse desenho se locomove. Parece as quatro patas. Aqui parece mão, pé. Aqui parece um gato deitado aqui as patas dianteiras e aqui a parte traseira.	DG	F- (→kan A)	Ad
4 - Dente	4 - A ponta.	Dd	F-	Hd ou Ad
5 - Bolsa	5 - Por que parece é igual, parecido.	D	F-	Obj
6 - Direito	6 - Por que esse lado tá mais destacado. Tem ali uma mancha aqui (refere-se a um traço azul de tinta).	DDd	Po	Abst
7 - Fundamento	7 - Por que é um desenho muito severo é que é um desenho equilibrado. Os dois lados são muito iguais. É muito igual.	Gv Referência à simetria		Abstração

Comentário da prancha VI

O tipo de apreensão na prancha oscila entre o grande detalhe (D) e o pequeno detalhe (Dd). Jorge tem dificuldades de construir uma visão global (G). Quando a organiza é na forma abstrata e sem consistência formal. Ele é sensível às nuances e à simetria, mas tem pouca precisão formal (três respostas F-). A resposta inicial repete o mesmo movimento das outras pranchas. Ele vê o grande detalhe (D) com uma retração para o pequeno detalhe, concentrando em uma parte de um todo *"gato... focinho"* e no inquérito *"focinho... pêlo"*, um tipo de decomposição que ressalta o mecanismo de detalhamento (*détaillage*), que comparece na realização da imagem, em sua duração. Na elaboração do espaço vivido, Jorge vai se fragmentando.

A terceira resposta *"pata"* é uma DG que revela a instabilidade da visão em imagens. Na associação livre, Jorge vê uma parte e, no inquérito, na tentativa de globalizar, acrescenta outros elementos. O caráter bizarro da percepção envidencia-se quando no inquérito ele diz: *"parece a parte que esse desenho se locomove"*, descrevendo o desenho que se mexe e não a imagem que é vista em movimento. O referente é a mancha, uma parte da mancha que se locomove, dando-nos a impressão de que é alguma coisa do movimento que *"não tem"* na imagem.

As duas últimas respostas abstratas são signos do racionalismo mórbido. Jorge faz referência à posição e à simetria; novamente é o real da prancha que se coloca. Ele não é capaz de ultrapassar esse substrato material e alcançar uma visão em imagens.

A preocupação com os mínimos detalhes da prancha provoca um desequilíbrio na sexta resposta. Uma mancha minúscula de tinta azul no branco da prancha provoca um desequilíbrio em Jorge, fazendo-o buscar precisões espaciais, observando a posição: "*direito*", e, no inquérito, ele ressalta: "*esse lado tá mais destacado*". Em seguida, tenta retomar o equilíbrio com a resposta: "*fundamento*" que é uma global abstrata (G). No inquérito dessa resposta, a referência à simetria, presente na resposta: "*os dois lados são muito iguais*", denota como a visão em imagens não é possível. Nesse caso, a descrição apresenta-se como uma compensação para a perda de imagens. O real não pode ser apreendido senão do ponto de vista descritivo e abstrato. É essa forma de conduta que Minkowski (1927/1997) denomina racionalismo mórbido.

Prancha VII

Associação	Inquérito	Codificação
1 - Nuvem	1 - Parece evaporação.	Gv E Frag
2 - Encostada	2 - Tem uma junção. Junção que parece um centro, um núcleo.	Dd Po Abstração Referência à ligação Referência ao centro
3 - Vapor	3 - É que nuvem lembra vapor aqui nesse todo.	Gv E Frag
4 - Fronteira	4 - Aqui faz uma separação, separa esse lado desse, parece separado, limite.	Dd Po Abstração Referência à divisão Descrição
5 - Longe	5 - Parece um desenho isolado, parece que tá distante. Ele todo tá em cima, ele parece inalcançável.	Dd E Obj Referência à divisão
6 - Ponte	6 - Parece ter uma ponte separando. A fronteira daqui, parece que tem uma ponte separando. A cor preta e cinza.	Gv Abst (→ k)

Continuação da Prancha VII

Associação	Inquérito	Codificação
7 - Cruzeiro	7 - Parece estar... Tem um, parece cruzado. Eles estão se cruzando, mas não vi se cruzando, cada lado tá cruzando com o outro. Tudo em geral. Cada junção.	Referência à ligação Descrição
8 - Grande	8 - Devido à extensão. Altura e comprimento é tudo grande principalmente a base. Aqui é grande e grosso. A aparência, composição. Tudo é exagerado.	Metamorfose Dilatação da forma – Gigantismo

Comentário da prancha VII

Jorge inicia essa prancha com uma global vaga (Gv), em que a diluição marca o modo da percepção *"nuvem, vapor"*. O termo *"evaporação"* designa uma perda da forma com permanência da substância (E). Essa modalidade de realização revela a experiência imediata em que os limites são pouco consistentes. Já a segunda resposta; *"encostada"*, é uma abstração que, no inquérito, recebe uma precisão bizarra pela posição e pelo sentido topológico, ressaltando como Jorge é sensível concomitantemente à ligação e ao centro; *"tem uma junção... parece um centro um núcleo"*. Com essa referência ao centro ele tenta precisar uma estabilidade que se evapora.

Nota-se no transcorrer da prancha que as respostas globais (G) são evasivas ou abstratas e as de pequeno detalhe (Dd) referem-se ao mesmo lugar da prancha, o centro e à junção entre as duas massas esfumaçadas. A oscilação da ligação e da separação reaparece como dinamismo lógico da prancha, nas expressões de linguagem, *"junção"*, *"fronteira"* e *"separado"*. A alternância desses dois dinamismos, na mesma localização (Dd), denota a ambivalência esquizóide.

Na quinta resposta, a *Spaltung* surge com a visão em perspectiva: *"longe"*, *"parece um desenho isolado, parece que tá distante . . . ele todo parece inalcançável"*, evidenciando o distanciamento e a abstração que compõem o negativismo esquizóide. Jorge não constrói imagens, mas instaura uma distância em relação à realidade pelo mecanismo disjuntivo.

Na sexta resposta, tem-se uma perseveração no mesmo lugar da prancha, o centro. A resposta *"ponte"* é semelhante à quarta resposta, *"fronteira"*, sendo que a diferença instaura-se com a configuração de um objeto no que antes era abstrato. O objeto que ao mesmo tempo liga, separa. É essa ambivalência que comparece na enunciação *"parece ter uma ponte separando"*.

Na sétima resposta, surge uma global abstrata *"cruzeiro"*, que traz, no segundo momento da enunciação do inquérito, um aspecto incoerente: *"Eles estão se cruzando, mas não vi se cruzando, cada lado tá cruzando com o outro"*, pois a impressão de movimento é projetada na resposta e, ao mesmo tempo, excluída. A modalização da linguagem, na forma da negação, revela a ambivalência vivida na fusão/separação.

No fiml da prancha, a angústia produzida pelo esfumaçado expressa o limite de uma metamorfose na descrição da prancha. O comentário *"grande"*, justificado no inquérito *"devido à extensão"*, e ao gigantismo, *"tudo é exagerado"*, denota uma alteração pela dilatação, com a expansão da forma a ocupar o espaço vivido. Interessante ressaltar como o processo psicótico de Jorge inicia-se com sensações de alteração corporal, principalmente as sensações de diminuição do corpo. Isso ocorre de forma contrária, não pela retração, mas pela expansão, pois essa composição, ao nível da construção da imagem, revela o movimento vivido no próprio corpo sob a forma de gigantismo e crescimento. A prancha sete, nesse sentido, é o emblema do isomorfismo entre o vivido corporal e a dinâmica da visão em imagens. Isso nos faz pensar que há um paralelo entre as construções simbólicas, da linguagem, da imagem e do corpo.

Prancha VIII

Associação Colorido	Inquérito	Codificação Descrição		
1 - Anfíbio	1 - Esse desenho todo parece um sapo. Parece o interior dele, parece o que ele tem por dentro a forma perfeita.	G	F-	A
2 - Veneno	2 - É porque esse verde parece armazenação do veneno. Esse verde.	D	C	Elem
3 - Rosa	3 - O rosa aparece muito aqui, nos lados e embaixo, chama atenção.	Cn		
4 - Topeira	4 - O formato do desenho.	D	F+	A (Ban)
5 - Monte	5 - É que o verde parece uma cordilheira. A espessura. Parece um aglomerado.	D	CF	Geo
6 - Flora	6 - O rosa me lembra.	D	CF	Pl
7 - Larva	7 - A cor laranja me lembra.	D	C F	A

Comentário da prancha VIII

O tipo de apreensão (G-D) dessa prancha mostra, que apesar do despedaçamento, permanece uma certa coerência, porque Jorge parte da resposta global para apreender os grandes detalhes, mas é sobretudo na determinação e no conteúdo da resposta que se encontram as dificuldades.

Como primeira reação à prancha, ele diz imediatamente, "*é colorido*". O fundo sensorial com presença da sensibilidade não evita, no entanto, que o processo psicótico persista. A primeira resposta, "*anfíbio*", ressalta uma linguagem abstrata, quase científica, que vai adquirindo uma forma animal no inquérito, "*parece um sapo*". No entanto, a imagem é vista a partir do interior quando ele diz: "*uma forma perfeita do interior*", revelando uma forma de ver em imagens, permeada pela cisão, quando destrói os limites. O anfíbio dissecado revela o efeito dissociativo sobre a imagem do corpo com ruptura do envelope corporal.

Na segunda resposta, "*veneno*", a camuflagem da cor não é mais possível. Jorge, entretanto, busca o real da prancha quando se refere à sua cor "*rosa*", denotando uma dificuldade na apreensão simbólica.

Por outro lado, a prancha policrômica tem também um efeito organizador. Jorge vê, mesmo que não seja imediatamente, os dois animais na lateral, "*topeira*". Pela primeira vez, aparece uma resposta banal, com efeito adaptativo e que gera a seguir três respostas que integram a cor forma (3 CF), muito embora o conteúdo seja desvitalizado (Geo, Pl) ou remeta à ideia de metamorfose "*larva*".

A segmentação da imagem e o mecanismo de cisão na esquizofrenia

Em síntese, Jorge é sensível aos pequenos detalhes, é sensível ao esfumaçado. Aqui ele mostra que também é sensível à cor, mesmo que, às vezes, na forma de uma camuflagem devido ao racionalismo mórbido.

Prancha IX

Associação	Inquérito	Codificação		
1 - Fogueira	1 - O laranja, os dois. A intensidade do laranja.	D	CF	Fogo
2 - Floresta	2 - É porque o verde, a dimensão do verde. A expansão. Os dois verdes.	D	C F	Pl
3 - América	3 -Porque é um lugar muito grande. O desenho todo. As cores lembram.	G	C F	Geo
4 - Rochas	4 - Parece duas pedras muito grandes. O formato.	D	F-	Frag
5 - Janela.. abertura	5 - Parece que tá aberto e fechado. É que parece que tá aberto e fechado.	Dbl	kob	Obj
6 - Marinho	6 - É que parece uma acumulação de água no azul claro. Parece uma onda, o tamanho e o movimento.	Dbl	C/kob	Elem
7 - Flor	7 - O caule e a rosa são parecidos. O formato é muito igual.	Dd	FC	Pl

Comentário da prancha IX

Jorge é sensível ao grande detalhe superior e à cor. Temos, assim, três respostas CF. A cor é excitante, impulsiva, e, ao mesmo tempo, adaptativa. O termo *"fogueira"*, da associação livre, remete ao elemento natural fogo e, ao mesmo tempo, à humanização, pois traz uma abertura para a sociabilidade. Uma fogueira é organizada pelos seres humanos, é um fogo que tem o objetivo de sociabilidade.

A terceira resposta de conteúdo geográfico, *"América"*, com o esclarecimento do inquérito *"é um lugar grande"*, acrescida do comentário sobre a *"expansão da floresta"*. Na segunda resposta, indica-nos que podemos opor o jogo de expansão no espaço com o despedaçamento que aparece em todo o protocolo. É o movimento ambivalente, de retração e expansão que se passa no corpo vivido de Jorge que se reflete na forma de ver no Rorschach.

Na quinta resposta, a sensorialidade não é capaz de impedir o surgimento de uma lógica esquizóide. As palavras, *"janela, abertura"*, denunciam a sensibilidade ao vazio e o movimento de oposição. Traços menores da cisão surgem no inquérito na forma da ambivalência *"parece que tá aberto e fechado"*. A simultaneidade do ato, no entanto, marca uma impossibilidade temporal característica da ambivalência esquizóide.

A sexta resposta revela que, em Jorge, a cor tem efeito cinestésico (C/kob), além do sensorial. Ela não é exclusivamente dissociativa e possibilita o aparecimento de uma resposta FC, no fim da prancha.

Prancha X

Associação	Inquérito	Codificação		
1 - Tirana	1 - Abstrato, o abstrato me lembra tudo. Me fez lembrar a palavra o desenho todo.	G v	Abst	
2 - Aurora	2 - O amarelo me fez, o amarelo me fez recordar.	Dd	C	Elem

A segmentação da imagem e o mecanismo de cisão na esquizofrenia

Continuação da Prancha X

Associação	Inquérito	Codificação		
3 - Sol	3 - Deixa ver (pega a prancha). Para mim ele vem desses laranjas, considero esses laranjas os raios do sol. Os raios escaparam do sol, eles incendeiam o desenho.	D	C/kob	Elem/Feu
4 - Austrália	4 - É porque parece ser um desenho muito exótico. A exuberância do desenho. Aqui parece uma tocha. É porque tá acontecendo as olimpíadas.	D	F-	Geo/Obj
5 - Atenção	5 - É um desenho muito delicado, tudo que ele tem chama muita atenção. O centro aqui nesse. É porque é um verde muito... que chama muita atenção.	D Descrição	Po	Abst
6 - Formiga	6 - Parece um formigueiro pegando fogo nesse amarelo.	D	C/kob	A/Feu/Cena
7 - Bumerangue	7 - É muito parecido a forma.	D	F +	Obj
8 - Três	8 - Parece o número três, ao contrário, o bumerangue.	D	F-	Número

Comentário da prancha X

O início dessa prancha é enigmático e contraditório em relação às outras percepções das pranchas coloridas. O termo *"tirana"* é bizarro, abstrato e discordante. A visão

71

em imagens é difícil, transparecendo logo nessa primeira resposta a ausência de definição, que registra o vago da percepção e a dificuldade de manutenção do senso comum.

A segunda resposta, *"aurora"*, retorna à tonalidade da prancha anterior, pois a intensidade da sensibilidade sensorial transparece a seguir, ligando a cor ao movimento (C/kob). O *"sol"*, da associação livre, sofre um efeito de degradação da cor pela intensidade do movimento destrutivo no inquérito, quando ele diz que *"os raios escapam do sol eles incendeiam o desenho"*. Isso mostra um movimento impulsivo que destrói as formas e abole as cores pela intensidade da sensibilidade sensorial.

Delaunay (1975), discutindo o que denomina a lógica do vazio, aponta para a degradação da cor que se dá na forma radiante: "... o brilho, no extremo de sua intensidade, abole as cores, em seu ofuscamento ele irá ao branco. Aproveitamos para dizer que no Rorschach, nem toda resposta Dbl é signo de oposição ou agressividade; às vezes, ela é a explicitação de um negativismo bem mais fundamental". O brilho é próximo ao fenômeno da dissolução da imagem. Ele sinaliza uma fragilidade da imagem que não tem permanência e revela, no seu extremo, o centro vazio. A forma da linguagem que Jorge usa com a expressão *"incendeia o desenho"*, mostra o movimento ativo na sua extrema intensidade. Em contraposição, a forma descritiva do inquérito da terceira resposta demonstra a tentativa de controle pela racionalização. Por meio da narrativa e do gesto (este é o único momento em que toca na prancha) ele tenta se assegurar da imagem.

O momento sensorial estimulado pela cor, no entanto, não é suficiente para fazer sair da lógica racional. A introdução da distância espacial, *"Austrália"*, e a observação abstrata sobre o que lhe chama atenção na lâmina *"é um desenho muito delicado, tudo que ele tem chama a atenção. O centro aqui nesse. É porque o verde chama muito a atenção"*, denota a preocupação com o centro e com seu preenchimento.

A sensibilidade ao verde, denotada no comentário: *"é porque é um verde"*, adocica a tonalidade do protocolo, tornando-o mais leve. Entre o laranja e o verde temos uma alternância da tonalidade, uma cor impulsiona e a outra acalma, evidenciando a ambivalência afetiva, confirmada logo a seguir pela resposta *"formiga"*, que no inquérito assume uma mudança de tonalidade, com o seguinte comentário: *"parece um formigueiro pegando fogo"* (C/kob), prevalecendo, dessa forma a impulsão.

No primeiro momento, temos uma visão mais estável e, no segundo, uma impulsividade que destrói o mundo de formas. As duas últimas respostas, na mesma localização (D), fecham o protocolo com uma imagem formal bem vista (F+) e outra mal vista (F-), comprovando que a ambivalência afetiva interfere na construção formal.

Comentários finais

A grande produção de resposta no Rorschach de Jorge é algo que logo de início sobressai no protocolo. São 78 respostas com um modo de percepção heteróclito. O número de globais (G% = 21,7) não indica nem visão de conjunto nem poder de síntese, pelo contrário, em sua maior parte, as G são abstratas ou vagas (9 Gv (abst), 2 Gv, 5 G). A proporção das D%, igual a 44,8, tenta compensar a adaptação à realidade, mas a tendência ao despedaçamento nos pequenos detalhes prevalece (Dd% = 26,9), com um número significativo de respostas Dd perimaculares e de Do. Em suma, nota-se que Jorge situa-se entre a abstração e o despedaçamento da imagem.

Os fatores determinantes são heterogêneos. Encontra-se um bom investimento formal (F% = 51,28), mas com prejuízo da boa forma (F+% = 50), que ressalta a dificuldade de integração do pensamento. Ao mesmo tempo, encontra-se uma ressonância afetiva (6 CF, 4 C, 2 Cn, 2FC), ainda que impulsiva e permeada pelo descontrole emocional. As cinestesias humanas estão ausentes, mas as pranchas coloridas solicitam as pequenas cinestesias.

Os conteúdos são heterogêneos e a tendência à fragmentação manifesta-se na apreensão de respostas de partes humanas e animais em detrimento da visão integrada. Encontram-se vários conteúdos que denunciam o funcionamento esquizorracional (4Geom, 1Osteo, 3 Frag, 5 Elem, 1 Número), além das abstrações que são numerosas em todo o protocolo.

A visão em imagens é marcada pelo despedaçamento da imagem e da linguagem, com a escansão do discurso, na forma da substantivação e da adjetivação abstrata. Durante o exame, revela um estilo particular de ver em imagens, com restrição do campo semântico. O discurso segmentado da associação livre, com a ausência de artigos e de uma referência definida ou indefinida e com a evocação da palavra desconectada do léxico, aproxima-nos de uma evocação conceitual. Quando chamado a precisar a resposta no inquérito, a cada vez que Jorge dá um detalhe, não explicita uma visão global *a priori*. Diante da prancha, ele capta um indício que o faz pensar não em um objeto particular, mas em um conceito.

Jorge liga-se a percepções sincréticas, a partir de um elemento. Esse elemento pode ser um detalhe formal, um detalhe espacial ou a cor. Apresentamos, como exemplo, as suas respostas nas pranchas IV e II. Na prancha IV ele diz: "*rato*", e, no inquérito, localiza a resposta somente em uma parte, dizendo: "*é que parece a cauda*". Na prancha II a resposta "*caldeirão*", apresenta uma determinação atribuída pela intensidade da cor: "*esse desenho todo parece algo quente incendiante*".

Efetivamente há uma sorte de experiências que não podem se articular umas às outras, estabelecer ligação. Jorge corta palavra por palavra, mas não forma frases. A prancha V exprime de forma sintética essa noção de segmentação. Nela as respostas são sucessões de termos que não se inscrevem em uma dinâmica sintagmática, pois a sequência é essencialmente paradigmática.

Voar → (evocação da sensação), *Mamífero* → (conceituação genérica e abstrata), *Antena, Braço, Ombro* → (formalização de partes humano/animal), *Voador, Noturno* → (evocação de qualidade), *Dormir* → (evocação de uma ação), *Contrário* → (evocação de posição), *Asa* → (formalização de partes animal).

Há descontinuidade na maneira de descrever a realidade. Pode-se falar que é uma estratificação que impossibilita colocar em história e sintagmatizar. A percepção da realidade não é qualquer coisa da ordem de uma continuidade. Isso nos faz construir como hipótese que há uma impossibilidade de permanência da unidade do sujeito.

Jorge deixa-nos a impressão de que se encontra em um mundo onde ele fica na borda. Quando solicitado a entrar na situação de interlocução do inquérito, ele parte do *a priori* e não da imagem. Por exemplo, na prancha II, a resposta *"caldeirão"* é justificada pela determinação da conotação de ser *"algo quente e incendiante"*, pois a qualidade é o antecedente. As coisas se apresentam por elementos parciais, que dão lugar a uma generalização. Na prancha IV, a resposta *"presépio"* não se organiza como imagem do objeto, é a letra *"p"* que constitui a relação de identificação. A imagem é fluida e a referência inconsistente. Diante da prancha, Jorge percebe um elemento que lhe permite formular um conceito. Sem que ele seja capaz de sustentar a percepção da imagem, ela se desestabiliza e se despedaça no tempo e na duração. Jorge apresenta uma forma de delimitar o espaço formal e semântico, com tendência à dissociação e ao detalhamento da imagem e da linguagem. Dificilmente ele consegue estruturar uma resposta global que não seja abstrata, embora seja sensível ao clima das pranchas.

A descrição, o geometrismo e a abstração complementam a incidência da cisão. As expressões de linguagem como, centro, centralização, e a referência à simetria, as descrições, as nomeações de cor e as abstrações são expressões do racionalismo mórbido. Jorge projeta sua realidade, que é essencialmente oriunda do traço central, do corte, da abstração como consequência da deficiência da intuição e da visão em imagens. Como pano de fundo temos, nesse Rorschach, o que Delaunay (1975) denomina constelação do vazio. Trata-se de uma lógica esquizóide que se reflete nas incidências da cisão (*Spaltung*), na linguagem, na imagem e no próprio corpo.

A fluidez do sentimento de existência de si, no que se refere à integração do próprio corpo, revela-se pela impossibilidade de desencadear no Rorschach um K integrado, que significa elaborar uma construção simbólica do corpo em uma temporalidade.

No protocolo de Jorge, a cisão evidencia-se principalmente no nível do espaço vivido, com uma sensibilidade ao despedaçamento, com partes do corpo projetadas nas pranchas. Encontra-se o que Delaunay (1979) denomina corpo despedaçado, separado espacialmente em várias pranchas, de tal forma que nenhuma reconstrução da figura humana integrada é possível. As pranchas III e VII, nesse sentido, são o emblema do isomorfismo entre o vivido corporal e a dinâmica da visão em imagens, fazendo-nos pensar no paralelo entre a construção simbólica da linguagem, da imagem e do corpo. O corpo é a primeira construção simbólica e reflete as relações com o espaço vivido. É por meio dele que as relações de correspondência vão se estabelecer com os objetos.

A análise das respostas de movimento indica o sentido do dinamismo vivido. Jorge não dá resposta de movimento humano no sentido da integração forma/movimento/humano. Por exemplo, na prancha IV, a resposta *"voar"* é mais uma abstração do movimento vivido do que uma projeção em imagens. Em termo minkowskiano, poder-se-ia dizer uma sensorialidade sem forma. O gesto denuncia uma forma simbólica que faz referência ao corpo como fortaleza ao afundamento da imagem. A dimensão simbólica encontra-se inserida no gesto. Jorge gesticula algumas imagens, fazendo apelo a uma forma simbólica que reflete a dificuldade com a representação. O suporte é corporal e o universo da palavra é insuficiente para construir a imagem. Evidencia-se a conexão do mecanismo de corte com o desenvolvimento sensório-motor, pois Jorge é sensível a algo do ritmo, mas não de forma suficiente para construir adequadamente a representação.

As outras respostas são de movimento secundário, mas, ligadas a conteúdos abstratos *"voador"* (pranchas III, V) ou ao Dbl (pranchas III, XI), ambas refletem o negativismo esquizofrênico pela fluidez do sentimento de existência de si na expressão de linguagem e pela impossibilidade de superação do espaço em branco na integração da forma. Esse movimento de diluição da forma é visto mais claramente nas respostas 3 e 6 da última prancha, que integram a cor ao movimento (C/kob), diluindo a forma *"os raios escapam do sol e incendeiam o desenho"*.

Por outro lado, em um protocolo essencialmente formal, Jorge é sensível às nuances. Há qualquer coisa de vivo que mobiliza e liga, contradizendo as formas de corte que sobressaem no Rorschach. Nesse protocolo, há certa forma de vida, certa forma de visão em imagens, com sensibilidade para a cor, para o esfumaçado e para o movimento, mas o racionalismo mórbido permanece como pano de fundo.

A segmentação da imagem e o mecanismo de cisão na esquizofrenia

Pode-se levantar como hipótese que, em Jorge, subsiste uma certa potencialidade se compararmos seu quadro com outros mais graves e dissociados. Os movimentos de ligação constituem uma sensibilidade com flutuações do polo sensório-motor, entre o movimento racional e o sensorial, principalmente nas pranchas coloridas. Considera-se, também, a hipótese de o uso da medicação neuroléptica estar mobilizando o polo sensorial, desencadeando movimentos de ligação que vão contrabalançar um protocolo essencialmente esquizorracional, tal como postulado por Minkowski (1927/1997).

Referências bibliográficas

Amparo, D. (2002). A simbolização na esquizofrenia: um estudo fenômeno-estrutural com o método de Rorschach. *Tese de Doutorado*. Brasília – DF: Universidade de Brasília.

Amparo, D. (2006). Semiologia clínica da esquizofrenia: diversidade de critérios e teorias. Em: Ribeiro, M. & Freitas, M. (Org). *Psicopatologia, processos de adoecimento e promoção de saúde*. Brasília: Universa.

Benveniste, E. (1966). *Problémes de linguistique générale*. Paris: Gallimard.

Delaunay, P. (1977). Rêve Eveille dirigé et analyse phénoméno-structurale. Prolongements dans l'experiérience mescalinienne de Henri Michaux. In Z. Helman, *Psychopatologie Structurale 2. Études et Recherches*. Lille: Publications de l'Université de Lille.

Delaunay, P. (1975). *Image et langage dans le rêve éveillé dirigé, analyse phénoméno structurale*. Lille: *Tese de doutorado* - Universidade de Lille - III.

Delaunay, P. (1979). Corps et structure. Conférence au groupe de Recherche: Rorschach et Psychopatologie Phénoméno-structurale. *journées du 16 et 17 Juin*. Lille: France.

Focillon, H. (1943). *Vie des formes*. Paris: Presses Universitaires de France.

Grilliat, G. (1999). *La Spaltung. Scission-Coupure-Clivage-Division: Étude théorique et clinique da sa diversité en psychopatologie*. Savoie: *tese de doutorado* da Université de Savoie.

Lanteri, L. (1969). Syntagme et paradigme, concepts opératoires en technique projective. *Bulletin de la Societé Française du Rorschach et des méthodes projectives. Psycholinguistique et techniques projectives.* v. 23, n. 20, 23-31.

Lautréamont. (Dec). In *Cahiers du group Françoise Minkowska* (pp. 3-28).

Minkowsi, E. (1927/1997). *La Schizophrenie*. Paris: Payot.

Minkowska, F. (1956/1978). *Le Rorschach: A la recherche du monde des formes*. Paris: Desclée de Brouwer.

Minkowski, E. (1933/1995). *Le temps vécu*. Paris: Presses Universitaires de France.

Minkowski, E. (1966/1999). *Traité de Psychopatologie*. Paris: Presses Universitaires de France.

Rispal, Y. (1964). Une personalité adolescence au travers du langage écrit, du dessin et du Rorschach. Convergences et rencontre avec un poète de làdolescence. Em: Lautréamont. *Cahiers du group Françoise Minkowska*, dec: p. 3-28

Tatossian, A. (1997). Délire. In *La phénoménologie des psychoses, l'art du comprendre*. Paris: Hors Série.

Tatossian, A. (1997). La psychose et les psychoses. In *La phénoménologie des psychoses, l'art du comprendre*. Paris: Hors Série.

Ternoy, M. (1998). Une caracteristique specifique de la vision en image chez l'haluciné: détaillage. In *Bulletin de Psychologie, LI* (pp. 135-141).

Wawrzyniak, M. (1982). *Les aspects schizo-rationnels de l'inadaptation juvénile. Essai sur le sentiment de la réalité à l'adolescence*. Lille: Universidade de Lille.

3

EPILEPSIA, RORSCHACH E FENOMENOLOGIA

Latife Yazigi
Maria Helena da Silva Noffs

A epilepsia é mais antiga que o homem, já que também afeta outros membros do reino animal, afirmava Wilder Penfield, conhecido por operar pacientes com epilepsia intratável e que marcou a neurociência do século XX com, devido às suas descobertas sobre a organização das funções corticais do cérebro, como relata Todman (2008).

Para o homem, essa doença tem sido uma maldição que persiste desde a época em que ele, pela primeira vez, se colocou na posição erecta. Cérebros trepanados, que datam do período neolítico, são testemunho de tentativas radicais do homem dessa época para liberar a cavidade craniana dos demônios, que acreditavam ser os responsáveis pela epilepsia e pela dor de cabeça (Penfield e Erickson, 1941).

Ao buscar a origem do vocábulo "epilepsia", observamos que o termo vem do grego, *epilepsia, epilepsis,* que significa repetição, ou de *epilambanein,* ser possuído. Acreditamos que esse último sentido da palavra estaria vinculado à ideia mística difundida na época sobre essa doença, ligando-a ao sagrado. No dicionário inglês *Webster* consta como tradução dos termos gregos: *to seize upon,* isto é, apropriar-se, apoderar-se, e da qual parece resultar o termo *seizure* para designar crise, mantendo-se, portanto, o sentido místico atribuído à epilepsia. Já no dicionário francês *Petit Larousse,* a tradução é *attaque,* de onde a expressão ataque epiléptico para designar as convulsões.

Entre os povos da Antiguidade, babilônios, egípcios e hebreus, os médicos laicos não tinham jurisdição sobre as chamadas doenças ocultas, ou seja, as de tipo interno, como a epilepsia e os transtornos mentais, que estavam sob os cuidados dos sacerdotes. Da mesma forma, sabe-se que Aristóteles, assim como Platão, acreditava que o intelecto ou *nous* tinha uma origem no sobrenatural ou no divino. Portanto, entre os gregos, as crises epilépticas eram vistas como encarnações ou visitações de uma divindade, a qual variava, segundo o tipo de manifestação. Assim, se a pessoa durante a crise imitava uma cabra ou contorcia seu lado direito, a mãe das cabras, Cibele, era a causa. Se a gritava, em tom agudo e alto, associava-se seu ataque ao relincho de um cavalo e dizia-se que Poseidon era o responsável. Se o paciente, durante o acesso, batia no chão com seus pés e sua boca espumasse, era Marte que tinha entrado em seu corpo. Se ocorriam defecação e micção, a deusa Hécate era a responsável.

Por outro lado, Hipócrates afirmava que essa doença era hereditária e considerava absurdo atribuí-la à maldição divina. Penfield e Erickson (1941) comentam que o tratado *Sobre a doença sagrada*, atribuído a Hipócrates, contém uma crítica irônica e arguta a respeito das crenças antigas relativas à epilepsia, como também apresenta uma explicação bem construída sobre esse fenômeno. Nessa obra, são reconhecidas várias formas de epilepsia, conforme suas causas, bem como são discutidos os vários tipos de aura, a influência da idade, do temperamento, da menstruação, das estações e dos ventos. Penfield e Erickson (1941) oferecem uma série de citações impressionantes sobre o domínio de Hipócrates em relação à epilepsia.

Da mesma forma, em seu tratado sobre *As injúrias da cabeça*, Hipócrates revela o quanto conhecia do funcionamento do cérebro, pois entre as orientações sobre trepanação, explicava que um dano na região temporal esquerda causaria convulsões no lado direito, e vice-versa. "Este rudimento de localização cerebral ficou perdido durante os anos obscuros na Europa, mas permaneceu vivo entre os árabes e se tornou corrente novamente nos séculos XIV e XV" (Penfield & Erickson, 1941, p. 4).

Foi o árabe Avicenas quem usou o vocábulo grego *epilepsia* para designar essa moléstia. Entretanto, os antigos nomes gregos, como doença de Hércules, doença sagrada, e o termo romano *morbus comitialis*, assim chamado porque as reuniões no senado em Roma eram suspensas quando alguém tinha uma crise epiléptica, continuaram a ser empregados por alguns séculos (Penfield & Erickson, 1941).

Na Idade Média, epilepsia e casos de histeria eram relegados à proteção de toda uma hierarquia de santos. Dentre eles, São João Batista foi o primeiro e, por isso, durante muito tempo, a epilepsia foi chamada de doença de São João. São Gabriel, o adversário de satã, era o patrono dos epilépticos. Naquela época, a epilepsia era uma das oito doenças consideradas contagiosas, crença que se originou da concepção dos antigos assírios e babilônicos, para os quais a produção das crises era provocada por demônios (Penfield & Erickson, 1941).

O método da trepanação como tratamento para as crises perdurou até 1818, quando Benjamin Winslow Dudley relatou o controle das crises em cinco pacientes submetidos a esse procedimento (Michael, Sperling, Jennifer, & Schnur, 2002).

Hughins Jackson (1870) também dedicou-se intensa e extensamente à epilepsia, explicando muitas de suas principais manifestações. Segundo Alexander e Selesnick (1970), o interesse desse investigador pela moléstia deve ter sido em decorrência do fato de sua esposa sofrer de crises de tipo focais, mais tarde chamadas de jacksonianas, ainda que tenha pesquisado outras formas de crises, como as generalizadas. Para Penfield e Erickson (1941), as teorias de Jackson foram as primeiras a serem estabelecidas a partir de fatos evidentes e que passaram a guiar a maioria dos pensamentos atuais sobre epilepsia e a localização cerebral.

Em 1881, William Macewen, de Glasgow, Escócia, fez a primeira operação em uma lesão intracraniana localizada somente pelos sintomas pré-operatórios (Sperling & Schnur, 2002). Em 1886 e 1887 Victor Horsley tornou-se renomado por uma série de cirurgias para combater a epilepsia, ressecando lesões corticais que, obviamente, geravam os sintomas clínicos (Michael *et al.*, 2002). Otfrid Foerster (1930) tratou muitos combatentes da Segunda Guerra Mundial que, por terem sido atingidos por destroços de bombas, desenvolveram crises incontroláveis. Com Altenburger (1934) foi o primeiro a fazer o eletroencefalograma (EEG) de superfície cortical (Michael *et al.*, 2002).

Penfield (Michael *et al.*, 2002), discípulo do cirurgião alemão Foerster, criou um serviço de cirurgia para epilepsia, que continua sendo usado até os dias atuais, em Montreal, Canadá. No início de 1928, Penfield fez cirurgias para tratamento de crises epilépticas incontroláveis, ressecando o lobo temporal. Em parceria com William Cone adotou a técnica de Foerster de estimular eletricamente o córtex cerebral para mapear funções sensoriais e motoras.

Penfield foi o primeiro a sistematizar as intervenções neurocirúrgicas como tratamento de epilepsia localizada. São famosas suas investigações envolvendo estimulação elétrica do córtex cerebral de pacientes durante a cirurgia, sob anestesia local, portanto conscientes, com o intuito de aprofundar o conhecimento do funcionamento cerebral. Ele observou que essa ativação elétrica produzia "alucinações experienciais" auditivas e visuais, ou então levava o paciente a vivenciar experiências anteriormente sentidas, que poderiam envolver frases, vozes ou sons musicais. Por vezes, "sentimentos" eram experimentados, sendo comparados por Penfield aos estados de *déjà vu*, ou então a sentimentos de medo ou solidão. Com desses experimentos, ele identificou o que denominou de córtex interpretativo, relativo a esses estados de lembrança das experiências passadas e de interpretação de experiências atuais. Enfatizou, entretanto, que os relatos dos pacientes são por eles mesmos identificados como tendo a qualidade de um sonho, não havendo confusão, pois o paciente mantinha a consciência de que estava em uma mesa cirúrgica. Assim, mesmo que a ativação elétrica trouxesse à tona os mesmos tons emocionais e os mesmos sentimentos ligados à experiência original, vivenciada anteriormente, essa experiência não se confundia com a realidade vivida no momento da estimulação, principalmente porque o paciente mantinha seu estado de consciência.

Quanto ao conteúdo dessas vivências, Penfield diz que poderia estar ligado não só a experiências vividas, mas também ser a repetição de fantasias ou de sonhos. Explica que nesses experimentos ativou mecanismos normais do cérebro, apesar de estar operando pacientes com epilepsia focal. Em suas conclusões, comenta que as experiências reavivadas estavam associadas a ouvir a fala de alguém ou a ver uma ação e, às vezes, a ouvir música; certos tipos de manifestações não ocorreram, como as que envolviam tomada de decisão sobre o que fazer, episódios em que havia a realização de ações ou em que haviam falas específicas. Da mesma forma, não ocorreu revivescência de ações como comer e experimentar comida, de excitação sexual, de dor ou mesmo de choro. Poderíamos dizer que as lembranças rememoradas eram aquelas vividas de maneira passiva, mas não de ordem mais ativa. Penfield e Perot (1963), por essas pesquisas, explicitaram a participação do lobo temporal, mais especificamente sua área temporoparietal, e suas estruturas que fazem parte do sistema límbico (este reconhecidamente relacionado com o afeto e as emoções) nos mecanismos da memória.

Delay, Pichot, Lempériére e Perse (1965) lembram que poucos problemas em psicopatologia foram, ao mesmo tempo, objeto de estudos tão numerosos quanto contraditórios como aqueles relativos à personalidade dos pacientes epilépticos. Lembram que Arete de Capadócia descrevia a perda intelectual dos epilépticos, enquanto Aristóteles admitia que a epilepsia ocorria em muitos homens de talento e inteligência.

Desde o início do século XIX, vimos multiplicarem-se as descrições psicológicas, e à medida que nossos conhecimentos sobre o mal comicial ficavam mais precisos, os pontos de vista se diversificavam. A genética, as doutrinas morfopsicológicas, a eletroencefalografia, a psicanálise, a anatomopatologia e a neurocirurgia trouxeram, cada uma à sua maneira, perspectivas novas. Bem longe de clarificar nossas concepções, as diferentes tendências tornaram-nas de uma complexidade extrema, e podemos ler, no presente, segundo o autor ao qual nos referimos, que as opiniões continuam tão opostas quanto as de Arete e Aristóteles (*Ibid.*, p. 1).

Segundo esses autores, para alguns estudiosos, a personalidade epiléptica não existe, já que esta não se diferenciaria das perturbações mentais das afecções orgânicas cerebrais; para uns, ela tem traços específicos, que são mesmo encontrados na família de pacientes comiciais. Outros a associam à epilepsia generalizada; outros, aos epilépticos temporais. Para uns, ela é inata; para outros, adquirida.

A epilepsia é uma condição caracterizada por crises recorrentes eletrográficas de vários tipos associadas a distúrbio da consciência. Embora os episódios epilépticos tenham sido chamados de "convulsões", "crises", "acessos" e "ataques", nenhum desses termos, como bem assinalam Kolb e Whishaw (1980), é totalmente satisfatório, uma vez que as convulsões variam muito em sua natureza.

Segundo esses autores, as crises epilépticas são muito comuns: uma entre vinte pessoas experiencia pelo menos uma crise durante sua vida; enquanto a prevalência de múltiplas convulsões é bem menor: cerca de uma em duzentas. Lembram que a causa das crises epilépticas eram desconhecidas até o desenvolvimento do eletroencefalograma, por Berger, em 1929, que tornou possível identificar diferentes tipos de epilepsia associados a ritmos elétricos anormais cerebrais.

Assim, as crises epilépticas são classificadas como sintomáticas, ou seja, identificadas com uma causa específica, como infecção, trauma, tumor, má formação vascular, intoxicação química, febres muito elevadas e outros transtornos neurológicos. Entretanto, outras formas de crise, chamadas idiopáticas, parecem surgir espontaneamente e na ausência de outras doenças do sistema nervoso central.

A característica clínica mais notável dos distúrbios epilépticos é a descontinuidade dos sintomas com ampla variação de intervalos entre as crises: minutos, horas, semanas ou mesmo anos. Três sintomas são encontrados em muitos tipos de epilepsia: (a) aura ou aviso de crise iminente, que pode tomar a forma de odores, barulhos, ou simplesmente um "sentimento" de que a convulsão vai acontecer; (b) perda de consciência, que pode tomar a forma de um colapso total ou simplesmente de um "fitar o espaço". Frequentemente ocorre amnésia em relação à crise e essa perda de consciência; (c) movimentos que acompanham a convulsão, sejam espasmos ou movimentos automáticos, por exemplo.

Dentre as várias classificações das crises convulsivas, o Instituto de Neurologia de Montreal apresenta uma que resumiremos em: (1) crises focais: aquelas localizadas que depois se expandemsão, como as conhecidas crises jacksonianas. Crises parciais complexas, quecomumente originadas no lobo temporal e menos frequentemente no lobo frontal; (2) crises generalizadas: bilateralmente simétricas, sem um local de origem, como a crise de grande mal e o pequeno mal, esta com ausência de convulsão; (3) crises não classificadas, dada a falta de informações, mas que incluem pacientes com convulsões aparentemente generalizadas (Kolb & Whishaw, 1980).

Em 1989, com revisão em 1981, a *International League Against Epilepsy* (ILAE) aprimorou o conceito de crise focal, reclassificando-a como: crises parciais simples, ou auras, quando o fenômeno epiléptico tem origem em determinada área cerebral sem comprometimento da consciência, e crises parciais complexas, quando o fenômeno epiléptico tem origem em determinada área cerebral com comprometimento da consciência (Comission, 1981).

Epilepsia e Psiquiatria

Em sua revisão sobre as noções de equivalentes epilépticos na psiquiatria, Schmitz e Trimble (1992) comentam que no século XIX os pesquisadores reconheciam que a epilepsia estava marcadamente associada à doença mental e desenvolveram estudos para compreender e esclarecer essa relação. Contam que já no fim daquele século havia um antagonismo entre doença mental e epilepsia e, a partir de então, foi diminuindo na literatura especializada o emprego dos equivalentes epilépticos. E concluem seu artigo com o seguinte comentário: "Pacientes com tais condições têm fascinado os clínicos por quase dois séculos, continuam a se apresentar em nossas clínicas e nossos conceitos sobre epilepsia continuam a nos perturbar" (p. 126).

A partir dos anos 1980, com o advento, a divulgação e o uso mais amplo do *Manual Diagnóstico e Estatístico das Doenças Mentais* (DSM), com sua apreensão mais descritiva dos fenômenos psicopatológicos e sua ênfase nos sintomas, a epilepsia passou a fazer parte das síndromes e dos distúrbios mentais e orgânicos. Nessa categoria diagnóstica encontramos menção: (1) à epilepsia do lobo temporal como um dos possíveis fatores etiológicos da síndrome amnésica; (2) aos focos convulsivos, especialmente nos lobos temporal e occipital, como um dos possíveis fatores etiológicos da síndrome orgânica delirante; (3) à epilepsia envolvendo o diencéfalo como um dos possíveis deflagradores etiológicos das alucinações orgânicas; (4) à epilepsia do lobo temporal como um dos possíveis fatores da síndrome orgânica de ansiedade (DSM III-R, 1987, p. 119, 121, 123, 125). Em 1994, o DSM-IV (www.psicologia.com.pt) eliminou o termo "orgânico" e apresentou uma distinção entre (a) os transtornos mentais decorrentes de uma condição médica geral, (b) os transtornos induzidos por substância, (c) os transtornos sem uma etiologia específica. Portanto, a epilepsia faz parte da categoria de transtornos mentais e de personalidade devido à condição médica geral.

No Código Internacional de Doença (CID-10), a categoria F06 refere-se aos transtornos mentais decorrentes de lesão e disfunção cerebrais e de doença física, e nele encontra-se a menção aos transtornos esquizofreniformes associados à epilepsia de longa duração (CID-10, 1993, p. 59). A psicose esquizofreniforme na epilepsia encontra-se na categoria F06.2, relativa ao transtorno delirante orgânico. A epilepsia do lobo temporal está incluída na categoria F06.4, que se refere ao transtorno orgânico de ansiedade. A psicose epiléptica faz parte da categoria F06.8, referente aos transtornos mentais orgânicos especificados, decorrentes de lesão e disfunção cerebrais e de doença física. Já a síndrome do lobo frontal faz parte da categoria F07.0, e relaciona-se com os transtornos orgânicos da personalidade, que incluem a síndrome da personalidade de epilepsia límbica.

Desta forma, a epilepsia acabou por ficar basicamente restrita ao campo neurológico, em que predominam os estudos neuropsicológicos com suas avaliações específicas e suas baterias neuropsicológicas tão difundidas atualmente. O paciente com crises convulsivas ou a presença de fenômenos como ausências, estados crepusculares, distúrbios motores, reações impulsivas, turbulência emocional, bem como os chamados equivalentes epilépticos, como sonambulismo, bruxismo, enurese, dislexia, medo patológico, acabaram por ficar dispersos nos diversos quadros psiquiátricos acima mencionados.

Gaitatzis, Trimble e Sander (2004), em um trabalho de revisão, ressaltam que os pacientes com epilepsia têm alto risco de sofrerem de distúrbios psiquiátricos, mesmo quando comparados à população geral, a outros grupos acometidos por doenças neurológicas e a pessoas com outras doenças crônicas não neurológicas. Dentre as pessoas com epilepsia na população geral, 6% sofreram de desordens psiquiátricas em algum momento da vida, taxa que se elevapara 10-20% quando a epilepsia é intratável e/ou do lobo temporal. Distúrbios de humor são mais comuns (24-70%), principalmente depressão (30%), seguido por ansiedade (10-25%), psicose (2-7%) e transtornos de personalidade (1-2%). Os autores ressaltam que é crucial compreender o quanto os distúrbios psiquiátricos desses pacientes são fenomenologicamente comparáveis aos das pessoas que não têm epilepsia, principalmente pela associação entre os distúrbios e as crises, uma vez que podem ser pré, pós ou mesmo ictais, como as auras de nervosismo, medo, raiva ou irritabilidade. Pontos de vista diferentes sobre as causas da ocorrência de distúrbios psiquiátricos em pessoas com epilepsia faz com que alguns estudiosos levantem hipóteses que variam desde fatores orgânicos até fatores clínicos e psicossociais.

No Brasil, estudo recente comparando dois grupos de pacientes com epilepsia generalizada e de lobo temporal identificou um número significativo com distúrbios de humor, psicose, ansiedade e somatizações, sobretudo nos pacientes com epilepsia focal, sendo que 50% apresentaram distúrbios psiquiátricos (De Araújo Filho, 2008).

Epilepsia, Rorschach e fenomenologia

Minkowska (1923, 1936), em sua abordagem fenomenológica estrutural por meio da análise da linguagem das respostas ao Rorschach, em suas avaliações de pacientes com epilepsia, identificou um mecanismo essencial do funcionamento mental do indivíduo epiléptico – o mecanismo de ligação, *lien*. A expressão desse mecanismo na linguagem do sujeito pode ser reconhecida pelos vários elementos de ligação da frase: (a) verbos, como *pendurar, enganchar, atar, prender, ligar, colar, grudar, juntar, aproximar, avizinhar, reatar*; (b) preposições, como *sobre, sob, acima, abaixo*; (c) conjunções de coordenação e/ou subordinação, como *entre, e, com, pois*. Dessa forma, áreas distintas da prancha de Rorschach tendem a ser ligadas por meio desses elementos, principalmente, pelos verbos. Por esse motivo, dentre os fatores determinantes do método, o movimento desempenha um papel preponderantemente de base.

Assim, representando o polo da estrutura mental do funcionamento epileptóide, Minkowska (1923, 1936) enfatizou a presença dos movimentos que podem ser de dois tipos, (a) adesivos, como *ter, agarrar, empunhar, segurar*, ou *carregar, levar, trazer* e, mais particularmente, *tocar, apalpar, bater*; (b) explosivos, como *estourar, explodir, arrebentar, queimar, abrasar* nos quais os movimentos podem envolver *subida* ou *descida*. O movimento assume, portanto, a função de ligação e compõe uma visão concreta e com vida, animada.

Seus estudos com pacientes epilépticos e esquizofrênicos, em que usou o Rorschach e o desenho, levaram Minkowska (1956) a estabelecer dois polos de funcionamento mental – esquizóide-racional e epilepto-sensorial – em substituição à polaridade introversão e extroversão, criada por Hermann Rorschach (1965). Nos protocolos de pacientes epilépticos, a cinestesia ou movimento [K] e o elemento afetivo da cor [C] prevalecem sobre o determinante forma [F], considerado como o fator racional. Quando presente, a forma é, na maioria das vezes, imprecisa e, em geral, está subordinada ao movimento e ao mecanismo de *lien*. O grande detalhe [D], que traduz apreensão concreta do estímulo, predomina e pela reunião de detalhes, chega-se às respostas de conjunto, que são diferentes das respostas globais [G], produto do contorno geral da mancha e traduzem uma visão abstrata.

Os conteúdos apresentam imagens de ligação e de movimento; as visões com luz, calor, profundidade e de jorro predominam. Para Minkowska (1956), o epiléptico vê e sente mais do que pensa e define; reage ao "clima" particular de cada prancha e sua percepção toma a forma de "visão em imagens". As imagens, vistas e sentidas de perto, são frequentemente representadas por gestos e por mímicas, sobretudo as respostas de movimento. A perseveração, presente nesses protocolos, decorre da aderência à imagem e se constata particularmente quando, após uma mudança na posição da prancha, o indivíduo mantém-se preso, ligado, aderido à imagem ou resposta anterior. Ele adere à prancha, segura-a, segue os contornos com o dedo, a visão é acompanhada do tocar (Minkowska, 1956).

O polo esquizorracional caracteriza-se, no Rorschach, pelo mecanismo essencial de corte, *coupure* ou *Spaltung*, separação ou fragmentação, respostas em que o percepto está cortado, decepado, destruído ou morto. Quando ocorre o elemento de ligação, ele é de tipo lógico: *em seguida*, *logo que*, ou *evidentemente*, *exatamente*, *simplesmente* e não sensorial.

Na percepção predominam as globais abstratas [G] e os pequenos detalhes isolados [Dd], ou seja, abstração e/ou respostas vagas; também a presença de espaços [WS, Dbl, Ddbl], que representariam o negativismo do *vazio*; e apego ao eixo central e à simetria. Prevalece o determinante forma [F], fator racional, intelectual; a reação à cor [C], fator afetivo, é insuficiente ou inadequada; por vezes a cor pura, C, pode estar presente, mas em geral com sentido simbólico. A cinestesia é fraca, a visão é estática e quando ocorrem movimentos [K] estes são antes imaginados (*aves que se falam*) do que vistos, ou então de cunho racional (*pessoas que se deslocam*). Assim, a linguagem exprime abstração, afastamento e imobilidade: *eu penso* ao invés de *eu vejo* e se caracteriza pela ausência de adjetivos qualificativos – é a busca de precisão, da explicação e da justificativa lógica. Os conteúdos são predominantemente partes humanas [Hd] e partes animais [Ad], e as figuras humanas [H] quando presentes são do tipo *personagem, caricatura*. Estão presentes também respostas anatômico-osteológicas (*esqueletos, ossos*), geométricas, de objetos e de armas, abstratas (*sistemas*), paisagens indicando evasão e afastamento, ou respostas relacionadas à Pré-História ou à Antiguidade. Dessa forma, a rigidez das respostas osteológicas, o afastamento da vida presente dada à presença do mundo arcaico ou pré-natal, o inanimado, as partes substituindo figuras humanas ou animais inteiros caracterizam o conteúdo. Há ausência de determinante ligado à angústia [Clob], já que as respostas são definidas e descritas com certa impessoalidade. O examinando constata e define mais do que vê ou sente, mostrando-se pouco sensível ao clima das pranchas.

Seu comportamento caracteriza-se pelo distanciamento entre si, a prancha e o examinador (Minkowski, 1956).

Minkowska (1956) identificou dois grupos de pacientes epilépticos: um composto por indivíduos coartados e o outro por indivíduos extratensivos, sendo o mecanismo de ligação, *lien*, característico do segundo grupo. Enquanto os coartados têm boa adaptação social e não apresentam perturbações do caráter, os extratensivos têm, em contrapartida, má adaptação, explosividade e impulsividade evidentes e, às vezes, graves. Enquanto os sinais orgânicos da personalidade permitem o diagnóstico positivo da epilepsia, os sinais de extratensão elevados (predomínio de respostas referentes à cor) e a presença do mecanismo essencial de ligação, *lien*, permitem o diagnóstico de perturbações de caráter e, por consequência, o prognóstico de desadaptação social. Os epilépticos idiopáticos são, em geral, coartados; os epilépticos traumáticos, em geral, extratensivos. Uma explicação para o funcionamento coartado dos epilépticos idiopáticos seria, por um lado, uma forma reativa de se adaptar à sua própria doença ou, então, uma forma de se adaptar por meio da constrição de sua personalidade e da restrição da reatividade emocional, que lhes garantem uma adaptação social satisfatória. O epiléptico traumático, por sua vez, tende a apresentar uma personalidade fortemente extratensiva, com uma reatividade emocional excessiva e inadaptada, levando-o a uma inadaptação social ligada às perturbações de caráter do tipo impulsivo-explosivo. A esses traços podem se sobrepor elementos neuróticos correspondentes à reação do sujeito aà sua doença e, eventualmente, a um déficit intelectual secundário (Minkowska, 1956).

Rorschach e Neurocirurgia

Outra pesquisadora que fez trabalhos dessa natureza foi Helman (1959a). Ela aplicou o Rorschach pré e pós-operatoriamente em 34 pacientes submetidos a intervenções psicocirúrgicas no serviço de neurocirurgia do Hospital Saint-Anne, em Paris. Os pacientes foram submetidos ao eletroencefalograma no mesmo período em que realizavam a prova psicológica. O grupo compreendeu: quinze esquizofrênicos, um delirante crônico, um delirante hipocondríaco, um melancólico de involução, nove neuróticos, cinco desequilibrados perversos e dois epilépticos com perturbações caracteriais. As intervenções comportaram: 22 lobotomias, nove secções subcorticais orbitais, uma topectomia e duas talamotomias.

Esse estudo comportou uma análise individual de cada caso, usando o mencionado modelo fenomenológico-estrutural do Rorschach. Suas observações incluíram, além do eletroencefalograma, uma prova gráfica, envolvendo desenhos de uma casa, um homem, uma árvore, outra árvore e um desenho livre. A pesquisadora esclarece que no curso dos exames, praticados em períodos distintos com o mesmo paciente, alternou com as pranchas originais de Rorschach a série paralela de Behn-Eschenburg, e o primeiro exame sempre foi praticado com as pranchas originais do Rorschach.

Comparando os casos examinados pelo Rorschach pré e pós-cirurgia, Helman (1959a) constatou diminuição do número excessivo de pequenos detalhes [Dd] e aumento dos grandes detalhes [D]; as globais vagas [Gv] foram substituídas por globais comuns ou por grandes detalhes [D]; surgem respostas combinadas formadas por vários detalhes [Gz]; aumentam ou aparecem os movimentos [K] e com ação que envolve contato; melhor adaptação se produziu na prancha III, considerada cinestésica por excelência. As pranchas coloridas VIII, IX e X, relacionadas à afetividade sintônica, deixam de apresentar rejeição e passam a ter número maior de respostas e de reações mais adequadas e mais espontâneas. As respostas de cor aparecem onde antes eram ausentes e as formas-cor [FC] de conteúdo concreto substituem as interpretações simbólicas da cor pura [C]. Em geral, as cinestesias [K] e as cores [C] aumentam ao passo que a proporção das respostas de forma [F] diminui. Às vezes, as interpretações determinadas pelas nuances de cinza [F(c)] diminuem e surgem as reações às cores brilhantes e, portanto, o contato afetivo torna-se mais direto. Outras vezes, em que persiste a carência da cor, as respostas de cinza [F(c)] aparecem ou aumentam e, então, uma busca de contato se delineia na ausência de uma realização mais direta. A prancha VII, prancha das nuances, passa a estimular uma produção mais rica e o aumento do cinza pode ser acompanhado pelo aumento das cores. Quanto à impressão de angústia, causada pela massa negra [Clob], pode surgir assim como a sensibilidade ao clima das pranchas.

Quanto aos conteúdos, os osteológicos e as descrições geométricas tendem a dar lugar à visão de seres vivos. A linguagem mostra diminuição da abstração e do afastamento, da destruição ou do inanimado. As designações concretas, as enumerações de atributos, as indicações de ação vêm substituir as expressões generalizadoras ou vagas. As imagens sensoriais são reforçadas. As expressões de ligação, às vezes intensas e opostas à linguagem do exame pré-operatório, se fazem presentes.

Segundo Helman (1959b), a perseveração decorrente da aderência à imagem, tende a desaparecer após a cirurgia. Pode aparecer no momento de girar a prancha ou se manifestar pela persistência de um tema nas pranchas coloridas. Em oposição, a estereotipia, própria de uma atitude rígida e indiferente, dá lugar a uma produção mais variada.

Quando aumentam as interpretações de animais, enquanto cessa a repetição monótona de um conteúdo osteológico ou de uma global vaga ou de uma designação da linha mediana ou da simetria, não se trata de um agravamento da estereotipia, mas, ao contrário, de sua atenuação, enfatiza a autora.

O sujeito aproxima-se da prancha, observando-a melhor ou tocando-a mais. Nota-se o aparecimento de gestos de acompanhar com o dedo o contorno das manchas interpretadas, bem como de respostas no lugar do uso da mímica. Ligação, ação, contato afetivo, visão concreta aparecem como os polos em direção aos quais se dirigem as diferentes variações observadas nos diversos aspectos do Rorschach: tipo de percepção, fator determinante, conteúdo, linguagem e comportamento. Por meio de manifestações que variam com os casos, um significado de conjunto se depreende a partir das modificações constatadas: estas representam, na estrutura da personalidade, um deslocamento em direção ao polo sensório-motor, que designamos pela expressão "ímpeto sensório-motor" (*Ibid.*, p. 198).

A respeito desse conceito nos explica a autora:

> A noção de ímpeto sensório-motor veio dar sua significação às modificações que o Rorschach e o desenho mostravam após a lobotomia, relativas ao comportamento, ao modo de visão, à linguagem e à expressão plástica. Reunindo sob esse termo as variações que se orientam em direção ao polo epilepto-sensorial ou sensório-motor da personalidade. Essas variações se orientam em direção a uma visão mais concreta da realidade e a um contato mais próximo com o ambiente, constatadas nos diferentes gêneros de doentes psiquiátricos submetidos à cirurgia, tomando um relevo particular nos esquizofrênicos, em contraste com o fundo mental sobre o qual elas se produziam, dominado pela abstração, a imobilidade, o afastamento, o corte. No eletroencefalograma se produzia simultaneamente uma hipersincronia e um ímpeto sensório-motor, principalmente na epilepsia. De um lado, foi aí que nasceu a descrição de um tipo mental caracterizado por uma entrada em contato com o real, ao mesmo tempo adesivo e dinâmico, situando-se no oposto de um pensamento que tende em direção à abstração e à mediação simbólica. Com o tipo "sensorial" que Minkowska opõe ao "racional" e o tipo "projetivo" ou "motor" que Wallon aproxima de um estado de desenvolvimento da criança, a psicopatologia da epilepsia encontrava os prolongamentos em direção à tipologia e à psicologia genética. Por outro lado, paralelamente às ricas aplicações do EEG

à clínica da epilepsia, a eletrofisiologia se ligava ao estudo de um de seus mecanismos dominantes, a hipersincronia: essa tendência excessiva dos conjuntos neuronais a pulsar em uníssono, abolindo as resistências sinápticas, leva a um funcionamento gregário e maciço e encontra seu ponto culminante, paroxístico, na crise comicial. Poderosa na epilepsia, a tendência à hipersincronia pode aparecer também, mais ou menos marcada e sem ter o mesmo caráter paroxístico, fora das crises epilépticas e em indivíduo não comicial. Ela desempenha um papel no curso da maturação, na criança doente ou normal; ela tende, em geral, a diminuir com a idade, da criança ao adulto. Ela intervém nos períodos lentos do sono. Vemo-la sob a ação de tratamentos biológicos praticados em psiquiatria, quer estes provoquem ou não crises epilépticas. A hipersincronia conduz ao problema geral da sincronização, com todos seus graus e manifestações eletroencefalográficas. Por meio de exames de pacientes submetidos à cura do sono (com seus efeitos menos espetaculares, mas também menos perturbadores), continuamos a estudar o ímpeto sensório-motor, sua natureza e suas características, seus modos de ação sobre diferentes terrenos: o ímpeto motor como fator fundamental na estrutura da personalidade, a visão em imagens, suas ligações com o dinamismo motor, suas relações com a linguagem, seu papel na entrada em contato com o real, isto é, tanto no modo de apreensão quanto no sentimento do real. Aspectos gestuais, perceptivos e mnemônicos, problemas que se colocam sobre o plano motor e sobre aquele da representação são estudados no contexto dos exames, em relação com esta trama de fundo que é a estrutura da personalidade. (Helman, 1971, p. 9-11)

Como é possível notar, os resultados alcançados por meio das psicocirurgias foram positivos. Helman (1971) deixa claro que considera positiva a mudança manifesta pela presença do ímpeto sensório-motor. Embora a maioria dos casos estudados por ela não se refira à cirurgia para controle das convulsões epilépticas, seus resultados e sua noção de ímpeto sensório-motor são de importância para o estudo que se segue.

Estudos de caso

Em estudo anterior (Yazigi, 1994) foram acompanhados pacientes acometidos por epilepsia intratável e submetidos a neurocirurgia para controle das convulsões. Foram realizados três tipos de neurocirurgia, de acordo com a lateralidade do foco ou do tipo do foco, assim, lobectomia do hemisfério esquerdo, lobectomia do hemisfério direito e comissurotomia (crises generalizadas). Esses pacientes foram avaliados pelo método de Rorschach antes da cirurgia e em acompanhamentos anuais por até sete anos. Apresentaremos a seguir, como ilustração, esses três casos.

Magnólia

Magnólia, 29 anos, solteira, está há seis anos sem poder trabalhar em decorrência das crises psicomotoras que começaram aos dezoito anos, com episódios de ausência. As crises apareciam com frequência de três vezes na semana até 3 a 4 por dia. Foi submetida à cirurgia do lobo temporal esquerdo. No Rorschach, a comparação dos dados do teste pré-cirúrgico aos pós-cirúrgicos de até quatro anos permite as seguintes considerações.

A avaliação inicial de Magnólia caracterizou-se pela sequência de respostas isoladas, prevalência de pequenos detalhes [Dd] e de atenção aos espaços [Dbl]. Ao longo dos anos as respostas passam a apresentar maior articulação entre si [z], os grandes detalhes [D] se impõem e os espaços se mantêm [Dbl]. A predominância excessiva de respostas de forma [F] e sombreado [F(c)] do primeiro protocolo será substituída nos seguintes por vários tipos de movimentos.

Assim, por exemplo, na prancha III, primeira avaliação: *Duas pessoas* (inverte a prancha): *Tanto de cabeça para baixo são duas pessoas, duas cabeças* – ambas em grande detalhe [D] e determinante forma [F], imagens neutras de *pessoas*, sem definição de gênero, e o comentário *de cabeça para baixo* que traduz a persistência, a aderência da imagem concreta. Já no segundo protocolo: *"Olha! São duas pessoas, não sei o nome, os pés, os braços . . . segurando duas coisas pela mão, querendo erguer o que seguram"* – após reação de maior espontaneidade expressa no *"Olha!"* –, surge a constatação de não conseguir identificar o nome da *pessoa*, o que é um avanço em relação à fala anterior, e a substituição da forma

[F] pelos movimentos [K] de preensão do *segurar* e de *erguer*, levantar em direção ao alto – de um estilo racional passou para o sensório-motor.

Na prancha IV, no primeiro momento, após girar em diferentes posições, afasta a prancha e diz: *"Esta aqui parece um pulmão... pelas manchas, o formato é assim igual, das manchas a luz clara e escura"* – presença de angústia, relacionada ao corpo ou doença, expressa por meio do determinante claro-escuro [FClob]; em seguida: *"Parece um casaco, né? Com dois braços e pé... de pele porque é meio felpudo* (gesticula), *parece veludo"* – imagem de uma vestimenta à qual junta inadequadamente "braços e pé" por meio do mecanismo de *lien* e associada à expressão sobre a textura por meio do sombreado [FE] que evoca a tendência ao contato, à aproximação. Ambas as respostas são recortes da imagem global e, portanto, pequenos detalhes. Na segunda avaliação, nessa mesma prancha IV: *"Parece uma fonte... bem no meio, onde está a água caindo, sobe de uma vez e a água vai despejando... a água parece estar subindo e jorrando"* – as imagens estáticas são substituídas pela sensorialidade dos movimentos de objetos inanimados [k] de subida e descida, característicos do polo sensório-motor.

Na prancha VIII, inicialmente: *"Leopardo, onça, dois; Um corpo humano... tronco, ombro, barriga, em figurinos tá assim, desse formato, parece até que está com vestido por causa do corpinho, vestido estampado por causa das cores verde, rosa e amarelo"* – ambas imagens são de grande detalhe [D], estáticas [F] e no final da descrição do *corpo humano* consegue reconhecer a presença da cor [FC], única manifestação afetiva nesse primeiro protocolo, e que se caracteriza pela impessoalidade de *um corpo, um figurino* em que não reconhece a cabeça, mas identifica a vestimenta, algo da ordem de objetos, coisas, à qual atribui o componente afetivo da cor. Respostas da linha da racionalidade. Na segunda e terceira avaliações, a percepção do animal é animada: *"bichos caminhando* e *duas onças saltando de uma lado para o outro"* – movimentos animais [FK] típicos do polo sensório-motor.

Na prancha IX, as imagens estáticas de *cabeça de um lagarto* [F] e *um pinguim* [F(c)] do momento pré darão lugar, no segundo momento, a *dois chineses com a mão cumprimentando o outro* – movimento em figura humana [K] bem-vista, articulado e de cooperação no estilo sensório-motor.

E na prancha X, inicialmente, seis respostas expressas na forma de um rol: *dois olhos; um ser humano; uma perna; um porco; dois olhos; uma dama*. A imagem *perna*, por não ter sido reconhecida e localizada no inquérito, foi produto da impulsividade. As demais são grande detalhe [D] com exceção dos *olhos* [Dd], todas com determinante forma [F]. Na segunda avaliação, para a mesma prancha X, deu as seguintes respostas: *"Um bicho agarrando alguma coisa; Fisionomia de um homem, está com suas roupas coloridas, cinto;* prancha invertida: *Esse daqui parece uma pessoa estando no ar ... desses que caem de paraquedas, está no alto, descendo"* – os movimentos [FK] se fazem presentes, no *agarrar* a presença da tendência à junção e no *cair* e *descer* [K], a imagem típica da sensorialidade motora, enquanto na *fisionomia* destaca o traço racional, impessoal também presente nas roupas *coloridas* [FC] em que o elemento cor expressa menor intensidade afetiva.

No segundo momento, surgem as construções em perspectiva. Assim, na prancha III: "*Olha! Parece uma estrada, neve aqui no meio, duas árvores, indo num determinado lugar*" e na prancha VI: "*Parece um alto de um morro onde o Cristo fica*" – composições formadas pela integração de diferentes elementos do que resultam as imagens de uma paisagem, decorrentes também de funcionamento sensório-motor.

Glória

Glória, solteira, apresentava crises convulsivas desde um ano e quatro meses, com uma história de crises durante 32 anos, em uma frequência de duas vezes por semana. Suas crises são de tipo generalizadas, com manifestações motoras predominantes, com episódios de aura e com ausências desde os doze anos. Foi submetida à cirurgia do lobo temporal direito aos 33 anos, quando da avaliação pré-cirúrgica e seis avaliações após a intervenção.

A produção de Glória foi se reduzindo ao longo dos anos, acompanhada de melhora do ritmo associativo, apesar de se manter um pouco lentificado. Rejeitou a prancha IX em todas as aplicações e, por duas vezes, a prancha V (aos três anos e aos cinco anos após a cirurgia); o fenômeno de inibição do trabalho mental também esteve presente no momento pré e nos seguimentos de um e dois anos. Sua apreensão inclui atenção ao global [G], que se intensifica com o passar dos anos, ao grande detalhe [D] e às vezes à percepção do fundo integrada à mancha [Dbl]. Como consequência aumentam as imagens mais integradas [z] ao longo dos anos.

Inicialmente prevalece a determinante forma [F], que vai dando espaço a outros determinantes ao longo dos anos, como movimentos, construções em perspectiva e presença de cores. Restringiu-se às análises comparativas aos momentos antes e após cinco anos de cirurgia.

Na prancha II, na primeira avaliação: *"Essas manchas dão a impressão de dois perfis, lobisomem, macacos, não sei dizer nada disso... porque estão de lado, parece os olhos* (dentro), *nariz, boca'* (dentro) – localiza nas manchas vermelhas acima [D], portanto, imagem parcial [Hd] de uma figura fantástica, estática, em que a forma está associada ao contraste que formam os olhos e a boca [F(c)]; inverte a prancha: *"Essa forma até uma tocha... suporte e fogo, labareda... labareda, o fato de estar aqui na ponta e o vermelho, suporte com cabo"* – inclui o espaço central, o vermelho inferior [Dbl] – articula áreas adjacentes em uma imagem de objeto em que o elemento afetivo da cor [CF] se apresenta com algum controle. Na última avaliação, pós-cirurgia, fornece uma só resposta: *"Dois palhaços brincando com uma roupa bem larga de pele... brincando, as mãos se batendo, roupa de pele devido à cor, palhaços pelo modo de brincarem e com pintura na face, olhos acentuados"*. É nítida a mudança nessa prancha, presença de resposta sobre conjunto total [G], determinante movimento humano ativo e de cooperação [K] na imagem de palhaços associada à atividade lúdica e à resposta afetiva modulada [FC] e ao tom emocional, relacionado ao contato mais próximo e à sensibilidade táctil [F(c)].

Na prancha II, primeira avaliação, após mais de um minuto de tempo de reação: *"Parece mais dois sambistas, isso sim, aqueles batuques... com metade das pernas ou estão atrás, a posição, o batuque, estão mais abaixados"* (mímica) – localizada no grande detalhe banal [D], trata-se de uma visão concreta, revelando dificuldade em abstrair o detalhe das pernas, do que resulta a incerteza; embora batuqueiros, estão em uma postura e a tendência ao movimento *abaixados* que se concretiza na mímica. A resposta seguinte: *"Essas manchas seriam lamparinas, umas tochas, por estarem assim em vermelho"* – localizadas no grande detalhe vermelho superior [D], que são objetos que identifica por *estarem em vermelho* e não por serem vermelhas, ou seja, presença do elemento afetivo [CF] mais racional ou distante. Após cinco anos, uma única resposta: *"Batuqueiros? Ambiente com tochas, no fundo uma fogueira . . . batuqueiros, a posição deles, aqui um batuque, fogueira mais além, assim como tochas, em vermelho, penduradas"* – resposta global [G], que comporta uma cena integrada, [Dz] com vários elementos compondo o cenário, construído em profundidade e enriquecido com movimentos [K e k] e cor [CF]. De imagens isoladas, passou à composição organizada em um conjunto vivo.

Na prancha IV, no primeiro momento só consegue dar uma resposta após duas reapresentações da prancha: *"Não consigo ver nada, de jeito nenhum . . . um corpo, da mesma forma que o outro, asas, do tipo do primeiro"* – após um longo tempo de reação decorrente da angústia [FClob] repete a imagem inicial de *um bicho*. Na última avaliação, após girar a prancha em diferentes posições: *"Dois animais, ursos, brincando, de costas, o tronco, em baixo, de uma árvore . . . ursos pela pele dele, pela coloração assim, brincando de costas, se batendo de costas; o tronco da árvore, onde eles estão colocados* (mímica) *apoiados"* – trata-se de uma resposta global [G], integrada [z] com atribuição de atividade humana [K] de cooperação e lúdica em animais, [F(c)] com coloração que evoca *pele* em um contexto de paisagem. Assim, de uma expressão mais distante, formal e racional, passa a expressar elementos sensoriais e motores.

Na prancha VII, no primeiro momento: *"Aqui dois coelhos, estariam sobre dois ursos, dois lobos, respectivamente.* (prancha na posição lateral) *Assim parece um gato."* Trata-se de uma série de imagens isoladas de grande detalhe [D], todas determinadas pelo elemento forma [F] e que reúnem, *coelhos sobre os ursos*, pelo mecanismo de ligação, *lien*, do que decorre uma impossibilidade lógica. Aos cinco anos: *"Dois coelhinhos sobre uma pedra, saltitando, brincando sobre pedras"* – imagem global [G], viva, animada pelo movimento [FK] de animais em uma atividade lúdica e que compõem uma cena [z] integrada, no estilo sensório-motor.

Francisco

Francisco, 23 anos, solteiro, suas crises convulsivas, tipo crises focais de área motora suplementar, começaram quando tinha catorze anos e com uma frequência que chegava até a dez por dia. Foi submetido à comissurotomia como tratamento cirúrgico para controle das crises.

As avaliações foram realizadas no pré-cirúrgico e nos acompanhamentos por até quatro anos. Serão apresentados dados da avaliação pré-cirurgica e da última, quatro anos após.

Ocorreu aumento gradativo na produção de respostas, de 31 até 57 na última avaliação, quando passou a apresentar um número excessivo de pequenos detalhes [Dd], embora tenha mantido as percepções globais [G], de grande detalhe [D] e de espaço [Dbl]. Em sua primeira avaliação, o fator forma preponderou de modo excessivo, indicando rigidez e distanciamento, ao passo que na última, ocorreu maior expressão dos vários determinantes.

Na prancha VIII, inicialmente após girar sete vezes em diferentes posições, vê na posição invertida: *"Pode parecer dois cavalos marinhos sustentando aí uma borboleta"* – imagens vistas nos grandes detalhes [D], estáticas [F] e ligadas por meio do *lien*, em uma tentativa de montar uma composição global. Aos quatro anos, fornece cinco respostas, dentre elas, na posição invertida: *Tipo umas estátuas de portal de uma cidade, se assemelha um pouco a uma figura humana* – composição global e integrada [Gz]; *"Duas crianças indígenas, talvez pelas penas"* – são dois rostos de perfil [Hd] em uma imagem comum [Ban]. Embora as imagens se mantenham estáticas, o *lien* desapareceu e surgem as figuras humanas bem-vistas, sendo a primeira, embora desvitalizada, associada a um conteúdo arquitetônico mais refinado.

Na prancha IX, na primeira avaliação, responde: *"Representa dois animais que tivessem saído de uma toca . . . só a cabeça do animal, não aparece o corpo, então o resto está escondido"* – inicia a frase pelo verbo racional *representar*, imagem no grande detalhe [D], em que o movimento já aconteceu (*tivessem saído*) e tendo como consequência a visão estática [F], de parte da figura animal [Ad] em que entre a dedução racional: *então o resto está escondido*; e na posição invertida: *Pode ser uma árvore, representada também . . . tem* uma forma certa de um tronco e aqui a copa da árvore, pode colocar a cor do tronco, tem esse verde meio marrom – identificada no espaço [Dbl]. O elemento racional persiste de modo expressivo, tanto no *representada*, como na *forma certa* e no *colocar a cor*, do que resulta a presença do elemento cor [FC] mais nomeado ou descrito do que sentido. Aos quatro anos, produz muito mais respostas, assim, na posição invertida: *Fumaça de uma bomba atômica* [D F(c)]; *Duas cabeças de animal* [Dd F+ Ad]; na posição normal: *Uma coluna, parte humana* [Dbl F+ Osteo]; na posição invertida: *Uma mata e tem uma rocha com entrada numa caverna que dá passagem sei lá para onde* [Dbl z F(c)]; na posição normal: *Aqueles fantasmas do filme Gasparzinho, fazendo diabruras* [Dz M H]; *A mesma caverna que falei só que não está camuflada pela mata, está mais aberta* [Dbl z F(c)]; na posição lateral: *Dois macacos, dois gorilas* [D F+ A] – são várias as produções, mais articuladas [z], com determinantes [M e F(c)] que as tornam mais vivas e com diversos conteúdos. A expressão racional da comunicação desaparece e dá lugar a uma fala mais espontânea.

Na prancha X, no primeiro momento, posição invertida: *Aqui representa também um tórax, a parte óssea de um tórax*; na posição normal *Dá para ver dois dragões, Dois patos*, na posição lateral: *Dois caranguejos, Dois castores*; na posição invertida: *Uma borboleta estilizada; Dois gansos; Dois humanos estilizados*. É uma série de respostas isoladas e de pares [dois], nos moldes de um rol, localizadas no grande detalhe [D] e estáticas [F] – predomínio do elemento racional, presente nos vocábulos *representa*, *estilizado* e no conteúdo osteológico da anatomia *parte óssea do tórax*. Aos quatro anos, na posição invertida: *Essa daqui é do boi, lugar de onde saem as costelas;* na posição lateral: *Dois castores; Dois patos;* na posição invertida: *Um homem alado ou um homem subindo, dois cabos gigantes, numa plataforma; Uma borboleta ou o símbolo do homem alado;* na posição normal: *Dois touros verdes, piada do boi verde, com se tivessem brabos, atacando; Duas formigas segurando um tronco; Dois leões.* Apesar de iniciar com uma resposta osteológica, das imagens isoladas [D], em pares de figura animal [A] e da borboleta como um *símbolo*, elementos da racionalidade, surgem os movimentos [M e FM] que conferem vitalidade às imagens, às vezes fantasiosas, como *homem alado* e *formigas segurando um tronco*. Na comunicação, a presença do tom jocoso da piada do *boi verde*, que estão *brabos*, expressando um afeto.

Considerações finais

O método de Rorschach apreendeu as mudanças nos dinamismos psíquicos, decorrentes da melhora clínica pela intervenção cirúrgica. A possibilidade de viver sem as crises epilépticas e sem as constantes alterações da consciência permitiu uma nova vivência corporal e também psicológica a essas pessoas. Foi possível reconhecer nelas um ganho pós-cirurgia em direção ao aparecimento ou à intensificação da sensibilidade e da expressão motora psíquica, presentes no processo de construção das imagens em movimentos, das cinestesias, acompanhados por um retraimento na manifestação dos aspectos mais racionais, impessoais, distantes e de menor vitalidade – ou seja, da mesma forma que o estudo de Helman (1959b), surge o ímpeto sensório-motor na situação de tratamento cirúrgico.

Referências Bibliográficas

Alexander, F., & Selenick, S. T. (1970). *Historia de la psiquiatria*. Barcelona: Editorial Espaxs.

Araújo Filho, G. M., Rosa, V. P., Lin, K., Caboclo, L. O., Sakamoto, A. C., & Yacubian, E. M. (2008). Psychiatric comorbidity in epilepsy: A study comparingpatients with mesial temporal sclerosis and juvenile myoclonic epilepsy. *Epilepsy & Behavior, 13*, 196-201.

DSM III-R: Manual de diagnóstico estatístico de distúrbios mentais. (1979). (L. S. Barbosa, Trad.) São Paulo: Manole.

CID-10. (1993). Classificação de transtornos mentais e de comportamento da CID-10, descrições clínicas e diretrizes diagnósticas. In: *Coordenação da Organização Mundial da Saúde* (D. Caetano, Trad.). Porto Alegre: Artes Médicas.

Comission on classification and terminology of the International League Against Epilepsy. (1989). Proposal for revised clinical and electroencephalographic classification of epileptic seizures. *Epilepsia 30*, 389-399.

Delay, J., Pichot, P., Lempériére, T., & Perse, J. (1955). *Le test de Rorschach et la personalité épileptique*. Paris: PUF.

Gaitatzis, A., Trimble, M. R., & Sander, J. W. (2004). The psychiatric comorbidity of epilepsy. *Acta Neurologica Scandinavica, 110*, 207-220.

Helman, Z. (1959). *Activité électrique du cerveau et structure mental en psychochirurgie*. Paris: PUF.

Helman, Z. (1971). *La poussée sensori-motrice: psychopatologie structurale et électroencéphalographie*. Bruxelas: Dessart.

Helman, Z. (1959). *Rorschach et eléctroencéphalogramme chez l'enfant épileptique*. Paris: PUF.

Jackson, J. H. (1931). A study of convulsions. In J. Taylor, *Selected writings of John Hughlings Jackson* (pp. 8-36). Londres: Hodder & Stoughton.

Kolb, B., & Wishaw, I. Q. (1931). *Fundamentals of human meuropsychology.* São Francisco: Freeman.

Michael, R., Sperling, M. D., Jennifer, K., & Schnur, B. (2002). Temporal Lobectomy. *Archives of Neurology, 59,* 482-484.

Minkowska, F. (1956/1978). *Le Rorschach: A la recherche du monde des formes.* Paris: Desclée de Brouwer.

Minkowska, F. (1936). L'hérédité dans la schizophrénie et dans l'épilepsie; la méthode généalogique, points de vue théoriques et pratiques. *L'évolution psychiatrique, II*

Minkowska, F. (1923). Recherches généalogiques et problémes touchant aux caractères. *Annales Médico-Psychologiques II, 164.*

Penfield, W., & Erickson, T. C. (1941). *Epilepsy and cerebral localization.* Illinois: Charles Thomas.

Penfield, W., & Perot, P. (1963). Brain's record of auditory and visual experience. *Brain, 86,* 595-694.

Rorschach, H. (1921/1965). *Psychodiagnostics: a diagnostic test based on perception.* (M. S. Villemor Amaral, Trad.) São Paulo: Mestre Jou.

Schmitz, B., & Trimble, M. (1992). Epileptic equivalents in psychiatry: some 19th century views. *Acta Neurologica Scandinavica, 86,* 122-126.

Todman, D. (2008). Wilder Penfield. *Journal of Neurology, 255,* 1104-1105.

Yazigi, L. (1994). *A prova de Rorschach, a especialização hemisférica e a epilepsia.* São Paulo: Tese de Livre Docência - Escola Paulista de medicina (Unifesp).

4

ANÁLISE FENÔMENO-ESTRUTURAL DE UMA PESSOA COM DEPRESSÃO AO LONGO DE DOIS ANOS DE ACOMPANHAMENTO PSICOLÓGICO[3][4]

Andrés Eduardo Aguirre Antúnez
Jacqueline Santoantonio

Um longo capítulo da *análise fenômeno-estrutural* aparece em 1966 (Minkowski, 1999), porém a primeira publicação ocorre de fato em 1922 (Minkowski, 1970). O

---

[3] Trabalho apresentado em mesa-redonda no IV Congresso Brasileiro de Avaliação Psicológica XIV Conferência Internacional de Avaliação Psicológica: Formas e Contextos e V Congresso Brasileiro de Rorschach e Outros Métodos Projetivos. Avaliação Psicológica: Formação, Atuação e Interfaces. 29/07/2009 a 01/08/2009 – Campinas-SP.

[4] Agradecimentos ao Conselho Nacional de Desenvolvimento Científico e Tecnológico – CNPq. Processo 400163/2007-1 – Apoio a Projetos de Pesquisa – Edital MCT/CNPq 50/2006 – Ciências Humanas, Sociais e Sociais Aplicadas. Projeto: Investigação do uso de procedimentos intermediários no atendimento clínico em grupo em pacientes com transtornos psiquiátricos: ateliê de desenho de livre-expressão.

médico e psicopatólogo Eugène Minkowski era interessava-se profundamente interessado pornas pessoas que sofriam com transtornos psiquiátricos graves. Ele ouvia o relato do paciente e, a partir de sua linguagem, reproduzia textualmente, de modo direto e indireto, as expressões de seu sofrimento.

Minkowski (1995) descreve casos de depressão melancólica associados a outros mecanismos, como o automatismo mental ou fatores esquizofrênicos, que resultam em quadros clínicos particulares. Apresenta várias anotações e observações minuciosas da linguagem de pacientes em estados depressivos graves e com longo histórico de sintomas tal como se expressam.

A variedade dos estados depressivos é muito grande, afirmava Minkowski. Em sua obra ele tenta precisar, a partir da apresentação detalhada de alguns casos, a forma como se procede à análise estrutural e como colocar em relevo os dados recolhidos.

Minkowski descreve com detalhes as ações e a linguagem de uma paciente de sessenta anos com os seguintes sinais de déficit intelectual: deficiência da memória, desorientação parcial no tempo e perturbações no juízo. Essas perturbações persistiam há vários anos. No entanto, o quadro clínico era dominado por um fundo depressivo, no qual ela se lamentava e se queixava de tudo.

Esta paciente apresentava uma curiosidade particular em relação às coisas concretas e essa curiosidade, de acordo com Minkowski, é encontrada com frequência nesses doentes. As queixas repetiam-se ao infinito e toda discussão com ela era inútil. São essas queixas e não as ideias de natureza hipocondríacas ou ideias de ruína e de persecutoriedade que davam a essa doente um aspecto particular. O que Minkowski (1995, p. 290) revelava dessa paciente era um sentimento de defasagem (*décalage*) da própria vida em relação ao devir circundante, acompanhado de um sentimento de impotência.

Minkowski (1995) segue um raciocínio clínico no qual faz analogias com o funcionamento normal de sua própria personalidade em relação à da paciente. Ele afirmava que para situar as manifestações psicopatológicas, devemos dirigir nossa atenção aos fenômenos do psiquismo normal, que tem como base a defasagem da própria vida em relação com o devir circundante. Dada a idade da doente, ele reflete sobre o sentimento de envelhecer.

Para o ser normal, o envelhecer real pode ser concomitante ao sentir-se jovem, apesar de se reconhecer-se a passagem do tempo e se ter clareza da sensação de que a vida lhe escapa. Porém, Minkowski observava que para a paciente em questão todo o ambiente se distanciava dela, além de prevalecer o sentimento de impotência e de tensão. Sobre o estado de depressão, descreve o sentimento de inibição, ocorrendo em grau mais intenso no estado de depressão patológica. O menor ato da vida cotidiana, como lavar-se, arrumar-se, vestir-se, parece algo intransponível. O doente sofre por isso e se queixa. A paciente apresentava uma tendência a considerar e interpretar tudo o que estava diante dela a partir do ponto de vista da defasagem de seu eu em relação ao devir.

Minkowski (1995) fornece mais exemplos, como o de uma senhora de 62 anos, muito ansiosa, que gemia sem cessar, queixava-se de ter ideias embaralhadas, de comer mais do que necessitava, de não digerir, de não poder sair etc. Em razão da penetração do sentimento de defasagem na esfera do concreto que os caracteriza, revelava uma modificação mais profunda da estrutura da personalidade.

Minkowski (1995) descreve também casos de automatismo mental associados a delírio melancólico em uma doente de 52 anos. Nela, o presente e o espaço dominavam o psiquismo mórbido. As sensações extraordinárias eram captadas ao vivo, no tempo presente, no mesmo momento em que se produziam. Nessa doente, as manifestações delirantes não ficavam localizadas no bloqueio estrutural característico do delírio melancólico. Pelo contrário, desligavam-se, chegavam ao momento presente e se fundiam no espaço infinito. A doente sentia-se responsável pela desgraça dos demais doentes que via diante de si. Assim, criava no presente autênticas interpretações melancólicas.

No *Tratado de psicopatologia*, Minkowski (1999), afirma que as depressões ansiosas contêm um caráter mais durável, porém sempre acompanhadas de um fator depressivo. A inibição faz parte da depressão, mas Minkowski lembrava que os estados depressivos podiam existir sem ansiedade. Do ponto de vista psíquico, afirmava:

> As inibições intervêm no funcionamento da atenção voluntária, das associações de ideias, eliminando do campo da consciência as representações inúteis. A inibição é um sentimento doloroso. É como uma represa que pára no nascimento a possibilidade de intenção,

qualquer implementação de um projeto, qualquer ato que pudesse executar. A inibição é imposta em nós, é verdade, mas ainda é estranha a nós mesmos, sendo sua natureza endógena (Minkowski, 1999, p. 822-825).

Propomos, neste estudo, apresentar possibilidades de compreender uma pessoa a partir do método fenômeno-estrutural, de modo que seja possível acompanhar as progressões (Barthélémy, 2009) de uma pessoa diagnosticada com depressão e ansiedade generalizada pelo médico psiquiatra que sugeriu um acompanhamento psicológico. Ela procurou atendimento na Clínica Psicológica Durval Marcondes e interessou-se pela proposta de investigação científica e de atendimento em grupo, intitulada Ateliê de Pintura de Livre-Expressão (Ternoy, 1997).

Na primeira entrevista, foram apresentados os termos de consentimento livre e esclarecido[5], os objetivos do estudo, as avaliações psicológicas a serem feitas (Método de Rorschach, Teste de Apercepção Temática – TAT e Escala Wechsler de Inteligência – WAIS-III), ao longo de dois anos. Com intervalo de uma semana entre as aplicações, administrou-se o Rorschach, o TAT e o WAIS-III e, em seguida, teve início sua participação no Ateliê. Trata-se de encontros em grupo, com frequência de uma vez por semana e duração de duas horas. Os participantes pintam

---

[5] Aprovado pelo Comitê de Ética em Pesquisa com Seres Humanos no Instituto de Psicologia da Universidade de São Paulo, em 04 de dezembro de 2006.

ou desenham durante cerca de uma hora e, no segundo momento, conversam sobre as produções feitas.

Apresentaremos, então, uma análise fenômeno-estrutural de determinadas expressões nas avaliações citadas, de uma senhora de cinquenta anos, nível de escolaridade superior, usando dados coletados durante o acompanhamento da produção de desenhos e das verbalizações sobre estes e das três avaliações psicológicas, com o intuito de estabelecer uma compreensão acerca dos fenômenos psíquicos presentes.

Os desenhos

Em relação aos desenhos percebemos uma preocupação com os detalhes, sendo sempre muito cuidadosa e caprichosa. A cor é um aspecto marcante, porém o movimento é ausente. O mecanismo de corte aparece, por exemplo, em seu comentário em relação a um desenho no qual faz vasos de belas orquídeas, mas um estava quebrado: *"É assim que me sinto às vezes, como se tudo estivesse quebrado"*.

Em outro, apresenta uma figura humana, que conseguiu desenhar no começo do segundo ano de acompanhamento psicológico. Trata-se de uma mulher, ela mesma, com as imagens que habitam sua memória. Alguns desenhos vão aparecendo ao longo dos grupos: uma bailarina, um gato na janela, alguns lápis de cor, uma senhora acamada, um livro, uma orquídea, a natureza.

Ao final dos dois anos desenha vários vasos, da esquerda para a direita. No terceiro, a flor está murchando, no quarto vaso está murcha, nos próximos estão retas e no último, o vaso está quebrado. Ela comenta: *"Esqueci de ir ao médico pela manhã, me dei conta à tarde e liguei pro hospital, a secretária disse: 'Tente vir e veja se ele te encaixa'. Mas chegando lá o dr. me disse: 'Hoje não vai dar pra te atender, tô muito cansado'. Em casa fiquei pensando e me coloquei no seu lugar e compreendi que ele é humano. Daí, na terça-feira a flor murchou, mas se re-ergueu depois. No domingo pensei: o futuro é incerto, o que ocorrerá?"*.

Podemos observar como ela consegue fazer associações entre o vivido e a imagem, como experimenta a possibilidade de se colocar no lugar do outro, terminando com uma abertura em direção ao devir, de viver na alteridade ao reconhecer o outro.

O Método de Rorschach

Escolhemos a prancha III do Rorschach, considerada uma das mais importantes na percepção de figuras humanas para uma análise fenômeno-estrutural. Na primeira aplicação em 2007, diz: *" ^ Aqui V ^ . . . Pois é, aqui menino, precisa ter muita imaginação V ^... V ah, menino, aqui eu já ia achar, você não ia rir de mim, aqui eu acho como se fosse um quadro de algum pintor e quisesse fazer duas pessoas, uma olhando pra outra e as duas fazendo a mesma coisa, como se fosse uma pintura, nada de... não consigo ver nada além disso".* No inquérito, o psicólogo repete sua verbalização e ela comenta: *"Olhinhos (?) ah, porque imaginei as orelhas aqui e o olho aqui e aqui e os outros olhos estariam do outro lado, mas também e já assim V parece mesmo osso, lembro né, não quer dizer que seja assim (?) a bacia assim essas partes mais escuras mesmo"*.

A análise fenômeno-estrutural revela que a paciente necessitou de certo tempo para expressar de fato com o que achava parecido na figura apresentada, o que denominamos de temporalização (Barthélémy, 2003, comunicação pessoal). Isso pode ser observado quando a paciente inverte a prancha (V), e depois a coloca à posição original (^), em seguida fica em silêncio (reticências...) e verbaliza: *"Pois é, aqui menino, precisa ter muita imaginação V ^... V . . ."*. A paciente fala da necessidade de ter imaginação, o que excede o normal, pois é precedida de um pronome indefinido – *muita* – que revela quantidade.

Apresenta, então, uma expressão ao interlocutor que demonstra o temor de não ser respeitada no que dirá: *". . . Ah, menino, aqui eu já ia achar, você não ia rir de mim, . . ."*. Outro aspecto interessante é a utilização da palavra "menino" ao referir-se ao psicólogo. Ao longo dos encontros semanais no Ateliê de Pintura de Livre Expressão, conta que costuma chamar todos os homens de "menino" e diz ser o seu jeito de falar, após ser questionada por outra paciente do grupo; porém, parece ser um modo de desautorizar ou infantilizar a relação.

Finalmente consegue identificar o conteúdo de sua resposta, mas ainda relutante: *". . . Aqui eu acho como se fosse um quadro de algum pintor e quisesse fazer duas pessoas, uma olhando pra outra e as duas fazendo a mesma coisa, como se fosse uma pintura, nada de... não consigo ver nada além disso"*. O uso da expressão no pretérito imperfeito – *como se fosse* –

revela uma incerteza, algo que não é, mas que é aceito na área do que ela denomina como "imaginação".

Ao expressar que esse *"quadro"* era de autoria *de "algum pintor"*, revela a imprecisão do autor por meio do uso do pronome indefinido – *algum* –, pois não importa quem o fez. O uso do verbo no pretérito imperfeito – *quisesse* –, denota a imprecisão do tempo, pois não é desinência de presente nem de futuro, mas próximo ao passado.

Interessante que há um movimento passivo e indiferenciado entre as *"duas pessoas"* – *uma olhando pra outra* – no qual a ação é comum às duas personagens: as duas fazendo a mesma coisa. Por fim, aparece a impossibilidade de expressar outras coisas: *"nada de... não consigo ver nada além disso"*.

No momento do inquérito, começa seus comentários sobre o que viu de uma forma apaziguadora, que procura reduzir o impacto diante da imagem valendo-se da palavra no diminutivo: *olhinhos*. O psicólogo pergunta o motivo de ter identificado os olhos naquela parte da figura e seu comentário relaciona-se à imaginação e à simetria: *". . . Ah, porque imaginei as orelhas aqui e o olho aqui e aqui e os outros olhos estariam do outro lado . . ."*.

Espontaneamente acrescenta outra resposta quando a prancha é vista na posição invertida, imagem da qual tem mais certeza, porém é desvitalizada: *". . . Mas também e já assim V parece mesmo osso . . ."*. Observa-se certa preocupação com a precisão do que é visto que a remete à memória, à lembrança: *". . . Lembro né, não quer dizer que seja assim (?) a bacia assim essas partes mais escuras mesmo"*. Há também a inclusão do sombreado como uma tentativa de certificar-se do que foi visto: "... *Essas partes mais escuras mesmo*". As respostas osteológicas, de acordo com Minkowska (1956), são desprovidas de vida e dinamismo.

Assim, nesta prancha observamos: a hesitação inicial revelada pela temporalização; o temor de não ser compreendida pelo interlocutor; a imprecisão representada pela dúvida; a ação passiva e indiferenciada na relação inter-humana, confirmada pela imagem estática do quadro; a predominância da forma; a impossibilidade de integração das cores e a desvitalização.

Um ano depois, em 2008, sobre a prancha III a paciente diz: "^ *Duas pessoas, acho que duas mulheres... têm* idêntico, *mas... só uma coisa,* [olha a imagem, observa com atenção] *hum, estão aparentemente iguais sim*". Inquérito: "*Ah, por exemplo, seria a cabeça, aqui a mama, a perna, aqui o corpo e acho que o braço*". Observamos uma economia no uso das palavras. Em um primeiro momento parece ver a imagem de modo imediato, mas, em seguida, a imagem não se mantém: "^ *Duas pessoas, acho que duas mulheres...*". Embora defina o sexo das figuras humanas, ocorre um mecanismo de indiferenciação, que procura esclarecer tomando um pouco mais de tempo para observar novamente a figura, mas que se mantém: "... *têm* idêntico, *mas... só uma coisa,* [olha a imagem, observa com atenção] *hum, estão aparentemente iguais sim*".

No inquérito podemos observar que os aspectos puramente formais e a simetria são prevalentes na resposta e indicam que a racionalidade é marcante em sua expressão: "*Ah, por exemplo, seria a cabeça, aqui a mama, a perna, aqui o corpo e acho que o braço"*. As cores não são citadas ou integradas na resposta, como ocorreu no exame anterior.

Embora não percebamos a hesitação inicial marcante no Rorschach anterior, algumas expressões revelam que ainda há uma imprecisão marcada pela dúvida, identificada nas expressões: *acho que, aparentemente, seria*.

É importante ressaltar que, embora seja observada uma indiferenciação entre as pessoas que aparecem idênticas na resposta, o fato de ter identificado o sexo das figuras humanas já aponta para maior possibilidade de associação da ordem da identificação. Não são mais observados nem o temor de não ser compreendida nem a desvitalização, presentes no exame anterior.

Após o segundo ano de acompanhamento no Ateliê de Pintura, em 2009, ela vê na prancha III: *"^ Duas pessoas. Uma, duas"*. No inquérito: *"Cabeça, o tronco, a perna, o braço e o mesmo aqui, estão mexendo em um pote (?) dois potes, cada um mexendo em um (?) eles inclinados assim, foi isso"*. Os aspectos formais e a economia na verbalização permanecem, mas a imagem parece ser vista de maneira mais direta e mais precisa do que nos exames anteriores.

A visão em movimento é um aspecto marcante dessa nova aplicação. No primeiro Rorschach, o movimento era passivo e mesmo estático (*olhando/quadro*). Na segunda avaliação, o movimento desaparece. Podemos, então, perceber que há uma evolução em relação à possibilidade de entrar em contato com aspectos psíquicos mais vitalizados. Embora as figuras humanas voltem a ser generalizadas (*pessoas* e não *mulheres*, como no segundo Rorschach) e não estejam executando um movimento cooperativo (*cada um mexendo em um pote*), há uma tentativa de diferenciação entre elas:" ^ *Duas pessoas. Uma, duas*". A simetria e a não integração das cores apontam para a predominância da racionalidade e uma clara dificuldade em lidar com os afetos.

O Teste de Apercepção Temática – TAT

No Teste de Apercepção Temática (TAT), selecionamos duas pranchas: a 3RH e a 16 (prancha em branco). A prancha 3 foi selecionada por tratar-se de um estímulo com grande carga dramática e apresentar uma pessoa curvada sobre o divã. Evoca associações referentes a tristeza, abandono, desespero, depressão e suicídio. Na prancha 16, em branco, o sujeito é levado a expressar-se totalmente por meio da projeção. A temática refere-se às necessidades mais prementes ou é reflexo da relação transferencial na situação do teste (Murray, 1943).

Nessa avaliação, a pessoa é convidada a contar uma história a partir do estímulo presente nos cartões. Apresentaremos a seguir, suas respostas nas três aplicações: primeiro as histórias dadas na prancha 3RH e depois as da prancha 16.

Em 2007, sobre a prancha 3RH ela conta: "... *Isso é uma tesoura, não consigo entender isso daqui para começar minha história > é uma tesoura? Bom,* ^ *como não entendi, vou inventar, depois de um dia de trabalho árduo, essa pessoa chegou em casa, sentou-se ao chão perto do sofá e devido a seu cansaço debruçou-se para tentar se refazer e começar outras tarefas em casa. Não entendi o que era isso".*

Após uma suspensão silenciosa começa sua descrição. Este aspecto também é identificado no primeiro Rorschach, quando apontamos o mecanismo de temporalização. Fica submersa na imagem da tesoura, o que faz que precise certificar-se do que viu para construir uma história. Verificamos que a imprecisão revelada pela dúvida também está presente, assim como o apelo para a imaginação, quando não consegue compreender de uma maneira lógica e racional *". . . Isso é uma tesoura, não consigo entender isso daqui para começar minha história > é uma tesoura? Bom, ^ como não entendi, vou inventar . . ."*.

Conta então, uma história de trabalho árduo, cansaço, tarefas e retorna ao detalhe (desenho de um revólver que está presente na figura): *". . . depois de um dia de trabalho árduo, essa pessoa chegou em casa, sentou-se ao chão perto do sofá e devido a seu cansaço debruçou-se para tentar se refazer e começar outras tarefas em casa. Não entendi o que era isso"*. Podemos estar diante da hesitação diante de aspectos agressivos que não foram integrados à personalidade e, portanto, causam impacto. A aderência associada à necessidade de confirmação da imagem da tesoura e quando diz *"Não entendi o que era isso"*, referindo-se ao desenho do revólver, apontam para dificuldades em relação à discriminação entre agressividade e vitalidade.

Sobre a mesma lâmina (3RH), em 2008, conta: *". . . É uma moça que acho que de cansaço adormeceu, dá impressão que talvez ela estivesse trabalhando, consertando alguma coisa por causa dessa tesoura aqui e adormeceu de cansaço, quer dizer, para mim é uma tesoura, né?"*.

Como no exame de Rorschach, aplicado no mesmo ano, há economia na verbalização. A imprecisão na imagem, embora menos intensa, também aparece nesse momento: *"... É uma moça que acho que de cansaço adormeceu, dá impressão que talvez ela estivesse trabalhando, ..."*. É interessante notar que a pessoa do TAT anterior é agora descrita como uma moça, o mesmo que observamos no primeiro e depois no segundo Rorschach, ou seja, o fato de ter identificado o sexo da pessoa aponta para maior nitidez da imagem e possibilidade de identificação.

O *"peso do cansaço"*, descrito no TAT anterior está presente, porém a intensidade parece menor. Na história anterior, a pessoa sentou-se no chão e, devido ao cansaço, debruçou-se para tentar recuperar-se e continuar a fazer suas tarefas em casa. Já na segunda história, que conta um ano depois, a moça adormeceu depois de consertar algo. Podemos pensar que há maior disponibilidade de relaxamento e o movimento, parece ter uma intenção de fato construtiva e reparadora. A tesoura que aparece no primeiro momento como algo impactante, que associamos a dificuldades frente à agressividade, é consideradaaqui a responsável pelo movimento de reparação.

Na avaliação de 2009, ao referir-se à prancha 3RH do TAT, sua história é: *"É um quadro que retrata uma moça triste descansando em um banco, triste não, cansada"*. Os aspectos formais e a economia na verbalização permanecem, mas a imagem é vista de maneira mais direta do que anteriormente, assim como no último exame de Rorschach. Ela parece estar mais próxima de seus sentimentos, embora ainda não tenha clareza ou mesmo procure proteger-se do que a angustia, colocando a história "enquadrada" e ficando em dúvida entre o cansaço e a tristeza.

Na prancha 16 (prancha em branco), em 2007 conta: *". . . Neste momento eu estou diante de uma árvore cheia de galhos com muitas folhas com alguns pássaros cantando e um ninho de passarinhos com dois filhotes. É como se fosse uma festa agradecendo a natureza pelo nascimento de mais dois filhotes, para tentar alegrar esse mundo. Na esperança também de que as pessoas ao passarem por essa árvore observem a beleza dessa árvore, o canto dos pássaros e procurem preservá-las para uma vida melhor para todos".*

Chama a atenção o fato de a história contada estar repleta de vida, de canto, de esperança e de beleza, em um momento em que a paciente procura atendimento devido a um quadro de depressão. Também é contrastante a desvitalização observada no primeiro Rorschach e o impacto observado na prancha 3RH do TAT, nesse mesmo momento em que revela dificuldades em relação à discriminação entre agressividade e vitalidade. Nesse sentido, a paciente parece ter vivenciado a prancha em branco como um vazio que precisa ser preenchido, para que ela não entre em contato com um intenso desamparo. De qualquer forma, mesmo sendo uma tentativa de proteger-se de um sofrimento que não pode ser vivido no momento, são observados aspectos construtivos e vitalizados, que a paciente tem como recursos para maior integração.

Após um ano, em 2008, conta a partir da lâmina 16: *". . . Depois de uma chuva bem forte que caiu e molhou toda a terra. De repente as nuvens cinza vão se afastando, o céu volta a ficar azul, o sol volta a brilhar, as plantas ficam mais felizes, as árvores também e todas as pessoas ficam com aquele sentimento que começa um novo dia com a esperança de ser melhor [fala com os olhos fechados]*".

A paciente parece utilizar-se de aspectos defensivos contra a intensidade dos sentimentos de desamparo, porém observamos que já há certa sintonia com questões mais depressivas presentes na imagem (chuva forte, nuvens cinza) e que nos conduzem para um maior contato com suas dificuldades, com a sensorialidade, com as sensações e com o afeto.

Em 2009, na prancha 16 conta: "*... Nesse quadro branco tem uma menina que antigamente tinha medo de enfrentar os problemas da vida e tinha medo de ser feliz e por isso só dela pensar em sofrer ela já começava a chorar, mas hoje, ela tenta viver e olhar as coisas boas da vida e mesmo que ela chore, ela procura aprender com os sorrisos e as lágrimas e, assim, ela está se sentindo mais segura e com menos medo e essa menina sou eu*".

Observamos que a paciente está mais próxima de seu sofrimento. Ela percebe e nomeia o branco e consegue imprimir nas imagens que nos conta a questão do passado e do presente de uma forma muito mais integrada, colocando-se na experiência e valendo-se de aspectos vitalizados para dar contorno às suas vivências disfóricas.

A Escala Wechsler de Inteligência – WAIS-III

Em relação à avaliação da inteligência com o WAIS-III, observamos que há melhora importante no uso de seus recursos cognitivos (Gráfico 1).

Gráfico 1 – Resultados do QI Total, QI de Execução e QI Verbal nas três avaliações

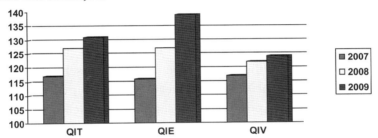

Observamos melhora significativa e crescente em relação à capacidade global para agir com finalidade, pensar racionalmente e lidar efetivamente com seu meio ambiente: o QI Total (QIT), em 2007 encontra-se na média superior (117), passando para superior (127), em 2008 e é considerado como muito superior (131) na última avaliação.

Apresentou evolução significativa relacionada ao raciocínio fluido, ao processamento viso-espacial, a atenção para detalhes e a integração visomotora: o QI de execução (QIE), em 2007, foi considerado na média superior (116), passando para superior (127), em 2008, e para muito superior (139), em 2009. É na área motora que observamos o maior rendimento, associado a melhora na velocidade, na coerência e na integração de detalhes para formar um todo. Há também melhora no desempenho em relação aos recursos intelectuais verbais, associados ao conhecimento adquirido e ao raciocínio verbal: o QI verbal (QIV), que em 2007 estava na média superior (117) passa para superior (122, 124) nas avaliações seguintes.

Em relação aos subtestes de execução nos três momentos de avaliação, podemos observar que houve melhora importante em Armar objetos (14, 18 e 18), em Raciocínio matricial (15, 15 e 18) e em Completar figuras (14, 14 e 16). Em Arranjo de figuras (14, 12 e 16) e em Códigos (14, 13 e 15). Verificamos também melhor desempenho se compararmos a primeira avaliação com a última, embora tenha tido menor pontuação na segunda avaliação. No subteste Cubos (16, 18 e 17) há aumento entre a produção da primeira e da última avaliação, embora a queda observada entre a segunda e a última não seja significativa. Em Procurar símbolos (15, 19 e 15), os valores se mantiveram no início e na avaliação final, tendo melhor desempenho na segunda (Gráfico 2).

Gráfico 2 – Resultados dos subtestes de execução nas três avaliações

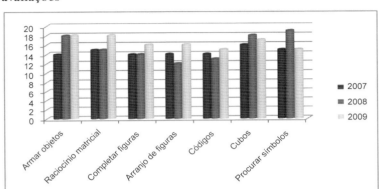

Podemos verificar que a paciente melhorou significativamente sua coordenação visomotora, sua habilidade de organização perceptual, seu processamento da informação visual, seu raciocínio abstrato e sua habilidade para diferenciar os detalhes essenciais dos não essenciais, sua capacidade de antecipação de consequências e seu planejamento temporal (Armar objetos, Raciocínio matricial e Completar figuras, Arranjo de figuras, Códigos e Cubos).

Esses aspectos revelam maior segurança, atenção e concentração que podem ser prejudicados quando há aumento da ansiedade e da diminuição do nível motivacional (Procurar símbolos).

Em relação aos subtestes verbais nos três momentos de avaliação, podemos observar que houve melhora importante em Compreensão (8, 12 e 14), em Sequência de números e letras (14, 14 e 16) e em Semelhanças (13, 15 e

15). Em Dígitos (17, 16 e 17), embora o valor se mantenha entre a primeira e a última avaliação, há queda na segunda. No subteste Aritmética (15, 16 e 15) o valor é o mesmo tanto na primeira como na última avaliação, mas observamos melhor desempenho na segunda. Há uma diminuição no desempenho do subteste Informação (14, 14 e 13), se comparados os resultados da primeira e da segunda aplicações em relação à última, embora não seja significativa. É interessante notar que no subteste Vocabulário (11, 10 e 9) há uma queda progressiva do desempenho ao longo das três avaliações (Gráfico 3).

Gráfico 3 – Resultados dos subtestes verbais nas três avaliações

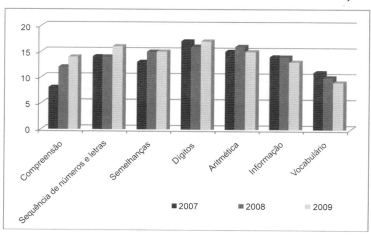

Observamos melhora importante em relação à compreensão verbal, ao raciocínio e ao julgamento social, com a presença de maior flexibilidade e maior habilidade de aprender, de planejar e de utilizar-se da verbalização. Há acréscimo de recursos na possibilidade de captar a informação e avaliar o que foi percebido, valendo-se mais das experiências vividas. Dessa forma, aumentaram suas capacidades tanto para formar conceitos verbais como na fluidez do pensamento lógico abstrato (Compreensão, Sequência de números e letras e Semelhanças). Verificamos, também, que são preservadas as habilidades para recordar, para assimilar e para resolver problemas complexos, embora elas ainda possam ser afetadas pela ansiedade e pelo empenho intelectual (Dígitos, Aritmética, Informação e Vocabulário).

Considerações finais

Por meio dos desenhos e de sua verbalização e das três avaliações psicológicas, realizadas ao longo de dois anos de acompanhamento com a paciente, pudemos nos aproximar da compreensão de aspectos marcantes de sua personalidade, segundo uma análise fenômeno-estrutural.

De acordo com Helman (1991, p.147):

> A psicopatologia se propõe certamente a estudar os fenômenos subjacentes às desordens psíquicas, mas também a compreender através deles o funcionamento normal. Ela abre assim uma via metodológica da maior importância, tendo favorecido a eclosão de um método particular de interesse

primordial: a observação individual, que tem ela mesma sua própria história.

A paciente em seus desenhos e suas associações relacionadas com sua produção, apropria-se gradativamente da possibilidade de reconhecer o outro e integrar as experiências vividas. É interessante notar que, em contraste com o Rorschach, onde as cores não aparecem, faz desenhos sempre coloridos. Podemos verificar que há sensibilidade ao mundo dos afetos que precisa ser integrada.

Embora ocorra a predominância da racionalidade, tanto no Rorschach como no TAT, há uma evolução na precisão da imagem e na possibilidade de entrar progressivamente em contato com aspectos psíquicos mais diferenciados e vitalizados. A tentativa inicial de evitar a percepção do sofrimento e do desamparo muito intensos parece ter diminuído, o que a faz aproximar-se da possibilidade de dar um contorno aos aspectos depressivos.

A maior capacidade relacionada com a integração da personalidade também aparece nos resultados apresentados da escala de inteligência. Está, portanto, apropriando-se cada vez mais de suas habilidades cognitivas e concomitantemente ocorre uma evolução progressiva, observada no método de Rorschach e no Teste de Apercepção Temática.

Após um ano de tratamento, seus diagnósticos apresentaram-se em remissão parcial. No fim do segundo ano, a paciente relatou, espontaneamente, importantes mudanças na qualidade de suas relações pessoais e familiares e no trabalho, retomando estudo de idiomas e se preparando

Análise Fenômeno-estrutural de uma pessoa com depressão ao longo de dois anos de acompanhamento psicológico

para realizar uma segunda formação universitária, o que mostra – ao contrário das pacientes com depressões graves relatadas por Minkowski (1995, 1999) – abertura em relação ao devir. Essas evoluções puderam ser observadas pelas avaliações empregadas, mas se devem, em essência, aos cuidados terapêuticos oferecidos no Ateliê de Pintura de Livre-Expressão.

Toda psicopatologia guarda uma coesão e uma coerência interna surpreendente ao mesmo tempo que todo ser humano tem capacidades inatas de adaptação (Barthélémy, 2009). Pesquisamos, investigamos, levantamos hipóteses no decorrer do processo, ou mesmo depois dele. O foco é ir ao encontro da essência da pessoa e investigar como ela vive o sofrimento que a afeta (Barthélémy, 1997).

Dessa forma, a inter-relação e a interlocução são pontos centrais do método fenômeno-estrutural, dando acesso à subjetividade em comunidade, cuja solidariedade é a força motriz, apresentada pela expressão, pela afetividade e pelo porvir.

Referências bibliográficas

Barthélémy, J.-M. (1997). A análise da linguagem do Rorschach segundo o método fenômeno-estrutural. *Anais do Congresso da Sociedade Brasileira de Rorschach e Outros Métodos Projetivos, 1*, 99-104.

Barthélémy, J.-M. (2009, agosto 10, 11 e 12). Comunicação pessoal. Disciplina de Pós-graduação: *A psicopatologia fenômeno-estrutural: aproximação teórica, clínica, psicopatológica e terapêutica*. Departamento de Psicologia Clínica, Instituto de Psicologia, Universidade de São Paulo.

Barthélémy, J.-M. (2003). Comunicação pessoal. *Discussão de caso durante estágio de uma semana na Université de Savoie*. Chambéry: Apoio: Fapesp.

Helman, Z. (1991). A evolução do Rorschach no contexto da Psicopatologia fenomenológica-estrutural. *TEMAS, 40/41*, 146-163.

Minkowska, F. (1956/1978). *Le Rorschach: A la recherche du monde des formes*. Paris: Desclée de Brouwer.

Minkowski, E. (1923/1970). Estudio psicologico y analisis fenomenologico de un caso de melancolia esquizofrenica. In E. Minkowski, V. E. Von Gebsattel, & E. W. Strauss, *Antropologia de la alienación*. Venezuela: Monte Avila Editores.

Minkowski, E. (1933/1995). *Le temps vécu*. Paris: Presses Universitaires de France.

Minkowski, E. (1966/1999). *Traité de psychopatologie*. Paris: Collection Les Empêcheurs de penser en rond.

Murray, H. (1943/2005). *Teste de Apercepção Temática /Henry A. Murray e colaboradores da Clínica Psicológica de Harvard* (3a Edição adaptada e ampliada ed.). São Paulo: Casa do Psicólogo.

Rorschach, H. (1921/1967). *Psicodiagnóstico*. (M. S. Villemor Amaral, Trad.) Paulo: Mestre Jou.

Ternoy, M. (1997). *Rorschach, rêve éveillé et expression grapho-picturale dans l'étude phénoméno-structurale des hallucinations*. Lille: Université de Lille.

Wechsler, D. (1997). *WAIS-III: Escala de Inteligência Wechsler para Adultos: Manual*. (M. C. Silva, Trad.) São Paulo: Casa do Psicólogo.

5

PERSONALIDADE BORDERLINE E A PSICOPATOLOGIA FENÔMENO-ESTRUTURAL

Anna Elisa de Villemor-Amaral

O transtorno de Personalidade borderline tem aparecido na clínica contemporânea com incidência destacada, podendo, provavelmente, ser considerado com o mal do novo século. Estima-se que ocorra em cerca de 1% a 2% da população geral, sendo o mais comum dos transtornos de personalidade em contextos clínicos, afetando cerca de 10% de todos os pacientes psiquiátricos ambulatoriais e em torno de 15% a 20% dos internados (Schestatsky, 2005). Entretanto, é possível supor que essa frequência esteja subestimada em virtude da diversidade de sintomas que podem se confundir com outros transtornos, ou mesmo em decorrência da ausência de queixas e de uma vida aparentemente bem adaptada. Sua presença marcante e os desafios que tais personalidades impõem para uma abordagem ou terapêutica mais adequada têm mobilizado vários estudos e discussões, como foi o caso do Simpósio ocorrido na França em 2007, intitulado "Psicopatologia dos estados limite ou os limites da Psicopatologia?", indicando claramente o desafio que tais quadros representam para a teoria e a clínica.

Neste capítulo, pretende-se discutir as características importantes desses funcionamentos e mostrar de que modo a Psicopatologia fenômeno-estrutural e o Método de Rorschach podem contribuir para sua compreensão. Ao se destacar as características mais típicas dos quadros borderline ou, como chamados em francês "estados limite", pretende-se apoiar a discussão sobre manifestações patológicas que aparecem com grande frequência atualmente, mesmo entre pessoas aparentemente bem adaptadas e produtivas, e contribuir para uma reflexão sobre aspectos da modernidade líquida, conforme postulada por Bauman (2001).

Os transtornos de personalidade borderline foram bem descritos por Kernberg (1975) que destacou o funcionamento psicodinâmico desses indivíduos marcado pela difusão de identidade, nível primitivo de operações defensivas embora preservada a capacidade de teste de realidade. A difusão de identidade caracteriza-se como falta de integração do conceito de *self* e dos objetos, e se revela na experiência subjetiva do individuo como sensação de vazio crônico, contradição nas percepções sobre si, atitudes contraditórias em geral. As operações defensivas concentram-se nas defesas primitivas, centradas no mecanismo de cisão. Quanto ao teste de realidade, apesar de mantido, alterações ocorrem na relação do individuo com a realidade, ou seja, a realidade é adequadamente avaliada, mas o comportamento é inapropriado e incoerente em relação à avaliação feita.

De acordo com o Psychodynamic Diagnostic Manual (PDM Task Force, 2006) essa patologia é caracterizada por um padrão persistente de instabilidade nos relacionamentos interpessoais, na autoimagem e nos sentimentos, acompanhada de acentuada impulsividade. A percepção da separação, ou rejeição iminente ou a perda da estrutura externa de sustentação, pode ocasionar profundas alterações na autoimagem, afeto, cognição e comportamento. Pessoas com esse transtorno experimentam intensos temores de abandono e raiva inadequada, mesmo diante de uma separação real de tempo limitado, por exemplo, reagindo com pânico ou fúria quando alguém que lhes é importante se atrasa apenas alguns minutos ou precisa cancelar um encontro. Trata-se de intolerância à solidão. Para evitar o sentimento de abandono, podem ter ações impulsivas como comportamentos de automutilação ou suicida.

Por outro lado, apresentam um padrão de relacionamentos instável e intenso. Idealizam novos relacionamentos de modo extremado e passam para o polo oposto de desvalorização quando qualquer atitude do outro não corresponde à sua expectativa, estando assim inclinados a mudanças súbitas e dramáticas em suas opiniões sobre os outros, que podem ser vistos alternadamente como suportes benévolos ou como cruelmente punitivos.

Faz parte da sintomatologia do transtorno borderline um distúrbio de identidade caracterizado por auto imagem bastante instável, com mudanças repentinas na percepção do si, caracterizadas por constantes e bruscas alterações quanto a objetivos e projetos de vida, valores e opiniões. Apresentam impulsividade que se manifesta no jogo, gastos excessivos, abuso de substâncias, alimentos, atividade sexual de risco ou outros comportamentos perigosos, como gestos ou ameaças suicidas ou automutilações. Tais atos autodestrutivos geralmente são precipitados por ameaças de separação ou rejeição ou desejo de que o outro assuma mais responsabilidades na relação. São recorrentes, nesses casos, os sentimentos crônicos de vazio.

Retomando os pontos principais da Psicopatologia fenômeno-estrutural, tal como proposta inicialmente por Minkowski (citado por Barthélémy, 1994), vê-se o quanto esse autor colocou em foco a vivência subjetiva do tempo e do espaço e como essa vivência determina especificidades do funcionamento mental nas diversas psicopatologias. Como visto no capítulo introdutório desta obra, Minkowski leva em consideração as formulações filosóficas de Bérgson (2006), propostas em 1922, sobre duração, sucessão e continuidade. Para Minkowski, a linguagem constitui um meio de acesso às particularidades de cada um quanto ao tempo vivido. Uma vez que a percepção do tempo está imbricada com a percepção do espaço (Bauman, 2001), pretende-se discutir de que modo as manifestações patológicas, reveladas por modos peculiares de vivência do espaço e tempo, são bastante propícias para a reflexão sobre patologias ou dificuldades psicológicas em geral, mas, sobretudo, de que modo destacam-se no transtorno de personalidade borderline, ponto de interesse nesse momento. Além disso, levar-se-á em conta o contexto contemporâneo que parece subverter as noções de espaço e tempo, dimensões básicas que orientam nosso ser no mundo e, ao que parece, interferem na clara demarcação de fronteiras, como é o caso da virtualidade nas manifestações culturais de nossos dias.

Antes de tudo, é importante lembrar que as noções de limites e fronteiras são centrais para se verificar o nível de integração do eu, sua coesão e força, e estes são naturalmente demarcados ou definidos pela relação entre espaço e tempo, que distingue, vincula ou distancia os objetos entre si. Partindo do pressuposto de que o que é estruturante da mente é a boa delimitação da fronteira entre eu e não eu, e de que é o recalque que constitui a barreira fundamental que separa o inconsciente do consciente, é possível observar os mecanismos básicos de corte e ligação como formulados por Minkowska e Helman (1971), considerando-os fundamentais para compreender a estruturação da mente do ponto de vista das vivências de espaço e tempo e suas implicações para a demarcação de fronteiras dentro e fora, eu e objeto.

Quando Minkowska considerou os mecanismos essenciais, inscritos no núcleo da expressão pela linguagem, destacou o corte e a ligação como mecanismos que traduzem em profundidade as características da relação do indivíduo com o mundo, demonstrando, de acordo com Minkowski (citado por Barthélémy, 1996) como o estudo da linguagem permite apreender o enraizamento temporo-espacial do indivíduo. Corte e ligação manifestam-se de modo extremado, na visão dessa autora, como aglutinação no caso do epilético ou como desintegração, no caso da esquizofrenia. Porém, se, por um lado, os dois mecanismos configuram, em polos opostos, dois quadros psicopatológicos, por outro, é possível observar em qualquer indivíduo os movimentos de ligação e corte envolvidos nos processos de percepção e do pensamento e expressos por meio da linguagem, produzindo manifestações ora mais patológicas, ora mais adaptativas.

As considerações sobre o tempo vivido e sua repercussão na estrutura mental partiram de Bérgson, foram desenvolvidas por Minkowski, Minkowska e Helman, mas também podem ser apreendidas em trabalhos de Oliver Sacks (2004), no campo das neurociências, ou de André Green (2001), no campo da Psicanálise. Além disso, a literatura relativas às Neurociências atualmentenos dias atuais remete com frequência às redes neurais e aos registros que se conectam, desconectam ou re-conectam, demonstrando fisiologicamente a ocorrência das construções associativas que estruturam a mente. É interessante destacar que Sacks (2004) retoma as concepções de Bérgson sobre a duração, descrita como transição de instantâneos, tomando como modelo os quadros do cinematógrafo, e apresenta casos interessantes, nos quais a percepção do tempo e a continuidade dos movimentos foi totalmente prejudicada durante crises de enxaqueca ou devido à intoxicação. Com isso, esse autor demonstra que questões relativas à apreensão do tempo e do espaço continuam estimulando pesquisasem diversas áreas do conhecimento científico.

Mesmo as concepções psicanalíticas sobre mecanismos de defesa e fenômenos psíquicos como cisões, recalques, projeções, introjeções, deslocamentos, condensações e assim por diante nada mais são do que formas de associar ou dissociar percepções, ideias e traços mnêmicos, frutos das experiências do eu com o mundo.

Tais concepções, advindas seja da filosofia, da psicanálise ou das neurociências, descrevem a mente como uma estrutura dinâmica construída a partir dos estímulos percebidos, das integrações ou cisões entre impulsos, defesas, experiências vividas, seus registros na forma de representações em imagens ou palavras e os afetos. Trata-se de concepções que remetem a uma mecânica regida por cortes e ligações que tecem ou rompem com a trama que constitui o universo psíquico de cada um.

Talvez as contribuições mais recentes com relação às dimensões de espaço e tempo na psicopatologia psicanalítica tenham sido trazidas por André Green (2001). Em sua obra sobre o tempo fragmentado, Green demonstra que a noção de espaço foi mais claramente desenvolvida em psicanálise desde os escritos de Freud e mais facilmente assimilada pelos analistas que o sucederam, não ocorrendo o mesmo com a noção de tempo. Entretanto, Green demonstra que já no *Projeto* (Freud, 1895/1976) encontram-se formulações que remetem a uma concepção não linear do tempo, pouco enfatizada nos desenvolvimentos teóricos posteriores. Porém, esse autor chama a atenção para uma concepção não linear do tempo que pode ser extraída de Winnicot (1971), por exemplo, em sua afirmação de que para o registro da presença do objeto, um tempo limite, que varia de indivíduo para indivíduo, não pode ser ultrapassado, com o risco de que mesmo na presença do objeto, seu registro se perca, permanecendo apenas seu negativo, o registro da ausência.

Depreende-se daí um modo distinto, porém correlato, de conceber os mecanismos de ligação ou corte entre os diversos elementos psíquicos, orientados pelas vivências de espaço e tempo. Para Green (2001) o conceito freudiano de *après coup* foi recuperado por Lacan e teve influência importante entre os psicanalistas franceses, que logo abandonaram uma concepção geneticista para evidenciar mais a subjetividade do tempo vivido, tanto na organização da mente quanto no trabalho psicoterapêutico. Tal conceito justamente destaca a não linearidade do tempo vivido, uma vez que quanto mais remota na infância for a experiência, mais impreciso será o sentido registrado, devido à falta de critérios discriminativos entre realidade e fantasia.

O psiquismo, sendo impressionável e modelável, registra demandas corporais, fisiológicas ou provenientes de estímulos externos de modo vago ou confuso. Assim também sua evocação posterior, mobilizada por estímulos e demandas atuais, realiza-se por nexos dificilmente compreensíveis. Além disso, cada evocação terá um valor agregado, recebido pela impregnação de novos elementos e seu sentido será dado por associação com o registro precedente, que outorga ao registro atual um sentido maior, agregado do registro mnêmico anterior, isolado.

Para Green, o importante é destacar nas experiências evocadas a ideia da "multiplicidade de focos na conjugação do tempo. O reprimido – tal a intuição de Freud – está fora do tempo, não sofre desgaste, é inalterável, se conserva intacto e insensível aos ultrajes dos dias que se sucedem..."

(p. 55) e acrescenta que "o inconsciente ignora o tempo, mas o consciente ignora que o inconsciente ignora o tempo" (p. 56). O que colore o sentido do tempo transcorrido subjetivamente são os afetos que se ligam às representações das experiências vividas. Em outras palavras, a experiência vivida só pode ser apreendida por meio do que foi registrado na memória e o registrado é um compósito tecido pelo tempo e espaço vividos subjetivamente, de acordo com as cargas afetivas que o acompanha.

As concepções de espaço são também apreensíveis na obra de Green (1995) sobre o Negativo na qual demonstra o quanto os conceitos de figura e fundo, provenientes da teoria da percepção, constituem elementos indissociáveis, não existindo figura senão em contraste com o fundo. Nessa obra, fica clara a ideia de que o negativo é a marca da ausência do objeto, cuja presença não pode ser reconhecida senão a partir da ausência, acentuando, assim, o ponto de vista espacial na teoria desse autor. As ideias de Green sobre o tempo (1991) e o espaço (1995) enriquecem a compreensão sobre certos fenômenos observados nos processos de psicodiagnóstico ou psicoterapêuticos, expressos por meio da linguagem e resultantes dos mecanismos de ligação e corte na organização do pensamento e da fala. É, então, possível considerar que a organização do mundo mental, e seu desenvolvimento para melhor adaptação ao mundo externo, garantindo a sobrevivência física ou mental, não pode ser concebida independentemente das noções de espaço e tempo, em suas dimensões objetivas e subjetivas. Assim, a percepção adequada da realidade depende da quantidade e da qualidade das integrações e dissociações que o sujeito faz, em sua relação com os fatos objetivos do mundo externo, no presente, associado ao que foi registrado, de forma não linear, de suas experiências no passado.

A clínica

É possível observar na clínica, no tratamento de pacientes com organizações de personalidade muito precárias, uma confusão na definição das dimensões de espaço e tempo, às vezes de modo acentuadamente curioso. Uma paciente que vinha para as sessões dirigindo seu automóvel por uma bela estrada, pois morava em uma cidade vizinha de onde fazia sua análise, um dia comenta surpresa, após mais de dois anos em tratamento, que pela primeira vez havia percebido, naquele dia, as montanhas da paisagem em perspectiva. A possibilidade de, ao longo do caminho bastante habitual, identificar as distâncias e os espaços implícitos entre uma montanha e outra mais atrás parecia sinalizar uma evolução da percepção do espaço, até então impossível.

Uma situação também intrigante era a de outra paciente que se referia a algo acontecido a si mesma uma semana antes com as mesmas expressões que se referia aos fatos de um passado distante, o que nunca permitia à analista saber de que tempo ela falava, se de fatos recentes ou de um passado mais longínquo. Por exemplo, diversas vezes a expressão "antes eu era assim" referia-se a algo vivido na semana anterior. Tanto num caso como no outro, observava-se um achatamento ou um estiramento da percepção do espaço e do tempo.

Se tomarmos o Método de Rorschach como modelo, a partir das concepções introduzidas por Minkowska e Helman (1971), é possível verificar que a boa percepção da realidade depende do modo como o estímulo é captado – distorcido ou não – e o quanto é integrado com outros elementos provenientes do mundo externo e interno. Para a Psicopatologia fenômeno-estrutural, o ímpeto sensóriomotor é o que determina a aproximação com o real, sendo a sensorialidade a sua principal via de acesso, para a qual a proximidade no espaço e no tempo é condição *sine qua non*. O grau de aproximação com o real, fundado notoriamente na sensorialidade, evolui para níveis de abstração cada vez maiores, que refletem uma racionalidade resultante do desenvolvimento cognitivo.

Os mecanismos de ligação e corte caracterizam momentos evolutivos, mas principalmente identificam modos de funcionamento mental que tanto podem definir uma tipologia, na dominância de um mecanismo ou outro, quanto revelar a fragilidade do eu e dos processos defensivos ao lidar com as demandas dos impulsos e da realidade, tanto no plano sensorial quanto no racional.

Encontra-se na literatura sobre a Psicopatologia fenômeno estrutural uma ênfase na observação desses mecanismos no curso dos tratamentos (Helman,1971; Barthélémy, 1996) e nas obras de arte (Yazigi, 1998), mas o que será enfatizado neste capítulo é a observação das diversas qualidades de ligação e corte, bem como suas alternâncias na expressão da linguagem, que resultam nas respostas cuja adequação perceptiva pode variar bastante. As implicações desse tipo de análise na prática clínica e no tratamento de indivíduos, seja qual for a patologia apresentada ou a problemática existencial envolvida, é poder observar as oscilações que ocorrem entre os dois polos nas diversas nuances, como formas de relação com o mundo e com os outros, mas também como representantes de estratégias defensivas mais ou menos eficientes que se alternam, caracterizando o modo de ser da pessoa.

No Método de Rorschach, observam-se as produções bizarras dos borderlines, como arranjos de frases ou imagens que produzem estranheza, tanto pelo conteúdo da resposta, que revela aglutinações ou fragmentações, quanto, sobretudo, por referências angustiantes aos espaços e à necessidade de unir o que está distante, mesmo que à custa de violações do princípio de realidade, ou evidenciar a fragilidade das barreiras que rompem, dispersando ou fragmentando a imagem. Nos protocolos desses indivíduos observam-se com frequência os movimentos oscilatórios de ligação e corte, seja na linguagem, seja na imagem, que produzem igualmente oscilações importantes na qualidade da produção final.

Algumas respostas extraídas de protocolos de Rorschach de indivíduos borderline mostram claramente as composições ou decomposições da imagem e da linguagem regidas por um espaço e tempo vividos de modo caótico. Verifica-se também o sentimento de desconforto diante do vazio e a necessidade de ligar o que está separado. Nos casos estudados, o que se pode observar nas respostas ao Rorschach foram as oscilações entre ligações e cortes, originando conceitos e imagens com graus adaptativos diferentes. Cortes ou ligações se alternam e revelam fracassos defensivos na passagem de um mecanismo ao outro.

Tome-se como exemplo as respostas de um homem de 51 anos com uma carreira profissional de sucesso, cujo protocolo, avaliado nessa perspectiva da psicopatologia fenômeno estrutural, trazia respostas marcadas por cortes e ligações estranhas, seja no conceito relatado, seja na linguagem dos comentários que acompanhavam suas respostas.

Prancha II *"Célula de produtos que estudamos contra câncer. Célula, só sei já que tenho que estudar. É uma coisa que vejo porque eu tô mexendo. Célula que tem câncer, sem o núcleo, o meio tá vazada, ela fragiliza, a lateral da célula perde citoplasma, seria o vermelho, sangue saindo"*.

Nessa resposta observa-se a imagem de algo rompido, vazado. A fragilidade descrita reflete a angustia diante do vazio, que também é expressa pela ideia do câncer e da parede que se rompe, deixando escapar o sangue. O mecanismo de corte aparece na imagem, o citoplasma que desmancha. Por outro lado, o movimento do sangue saindo indica uma continuidade no tempo, característica do mecanismo de ligação, ao mesmo tempo que a associação com algo concreto, descrito na ideia de que *"vejo porque estou mexendo"*, demonstram essa alternância entre os dois mecanismos, nenhum deles favorece uma boa resposta, prevalecendo um contexto de destruição em uma prancha na qual o espaço central e a cor vermelha perturbaram toda a associação.

Em outra resposta à mesma prancha, na sequência imediata diz: *"Se separar em duas partes, dois coelhos, orelhas, patinhas bem separadas, tentando pegar isso que pela cor parece pra ele cenoura. A visão dele não diferencia muito o vermelho do laranja, não tem a parte de olho bem definida. Pelo formato, alguma coisa que sirva de alimento pra ele".*

Nessa resposta o início vem novamente marcado pelo corte (*coupure*) pela ênfase em separar. Mas o mais surpreendente é um distanciamento muito inusitado quando passa a falar a partir do ponto de vista do coelho. Parece se defender por atrás de um escudo para dizer algo do ponto de vista do outro e quer racionalmente explicar algo que não se justifica: "A *visão dele não diferencia muito o vermelho do laranja*". O determinante cor acaba não sendo incluído, o que reflete mais um distanciamento. Dizer que o coelho não diferencia cor está longe de ser um mecanismo de projeção e constitui aqui um afastamento, uma exclusão de si mesmo como sujeito da percepção.

Mais adiante, na prancha IV responde: "*Anta, mas isso não é figura que vai aparecer por aqui. É feito na Suíça e anta só tem no Brasil e Colômbia. Essa parte aqui, o bico da anta. Testa, o olho não se vê bem*".

Nessa resposta, observam-se associações rápidas, com saltos de um registro para outro, sem lógica, e denotando confusão na vivência do espaço. A racionalização que reflete do sensorial fica ainda mais evidente com a referência à omissão do olho, impedindo o contato com o real e concreto.

Uma mulher de 42 anos, executiva de grande multinacional com uma carreira brilhante, deu as seguintes respostas:Prancha I "*Poderia ser um morcego. Morcego naquela posição. Se eu fechasse esses branquinhos ele me parece, quando ele fica grudado na gruta, com as asas abertas".*

Aqui o que se observa é também uma necessidade de ligar as partes em sua concepção desconectada, um desconforto diante do vazio. Tal desconforto mobiliza um forte mecanismo de ligação (*lien*) quando diz que ele fica grudado.

"Poderia ser uma nave tampando esses dois buracos. Quando olho daqui pra lá. Forma que tem em três dimensões, estilizados. Essas três fases, uma, duas, três, e aqui aqueles vácuos".

Novamente a necessidade de fechar o vazio, que insiste em se impor à percepção quando, ao concluir a resposta, termina com a referência aos vácuos.

Na resposta seguinte, na prancha II diz: *"Me lembra desenho infantil que faz com os pezinhos assim. Se a gente faz com a mão. Aqui tá tudo preto, mas lá era colorido. Não tinha esse vago aqui. O vermelho aqui... uma cor isolada, um do lado e outro do outro, bem alinhados."*

Resposta acompanhada por gesticulações, passar a mão na prancha, esfregar, manipular, refletindo uma aproximação bastante sensorial ao estímulo, mescla a percepção presente com a evocação do passado, tenta eliminar o vazio e aproxima as imagens insistindo em que estão bem alinhadas. O tempo passado e o presente se confundem, o disperso e o ligado se alternam sem lógica ou razão plausível.

A seguir responde na mesma prancha II: *"Um rascunho, um papel. A gente fazia no cursinho... brincadeira de piazada. O buraco pra olhar, um desenho pra por na face."*

Nesse momento, acompanhando também de muita gesticulação, a fusão do passado com o presente, o retorno do universo infantil, une-se à ideia de preenchimento do vazio (para pôr na face), como consequência mais uma vez da angústia causada pelo espaço central da mancha.

A observação desses fenômenos no Rorschach de pessoas com um bom nível de adaptação profissional, que lhes garantiu sucesso até então, leva a pensar no quanto as novas relações com o tempo e o espaço, que permeiam a vida atual, podem facilitar o aparecimento de patologias do pensamento diante da complexidade dos fatos e da velocidade em que chegam inúmeras informações simultaneamente, que põe em xeque a capacidade mental de processamento dessa inundação de estímulos. No mundo virtual, onde tudo é possível, há maior permissividade e tolerância quanto ao implausível, porque a realidade é sempre transcendida pelo virtualmente possível. Ter de lidar com algo que não é real, e sim uma possibilidade, com os artifícios criados pela informática, com o acesso imediato a qualquer fato ou pessoa, que se tornam presentes mesmo que distantes no tempo e no espaço, traz um desafio às capacidades mentais para processamento de informações tão complexas.

A complexidade se origina na fragilidade das fronteiras entre real, virtual e imaginário, no rompimento de barreiras até então delimitadas pelo tempo e o espaço. Isso demanda, por um lado, um funcionamento mental bastante sofisticado e coeso para discriminar e integrar os estímulos percebidos, mas, por outro, parece oferecer uma maior permissividade na maneira de lidar com os mesmos, o que sugere uma possível disposição para se engajar em atividades dessa natureza por parte de pessoas com organizações mais debilitadas.

A pergunta que fica é o quanto a patologia dos transtornos borderline é reforçada pelo modo como o mundo globalizado e informatizado, sem clara demarcação de fronteiras, põe em cheque os recursos da mente, exigindo um esforço muito maior para manter a coesão e a firmeza e, consequentemente, propiciando maior surgimento de manifestações patológicas. Se assim for, estarão mais em risco aqueles que estiverem mais expostos à maior complexidade das situações?

No contexto complexo da modernidade líquida (Bauman, 2001), sem limites e sem fronteiras, temos tanto um modo novo de nos relacionar com o tempo e com o espaço, que pode ser uma provocação ou ameaça para as estruturas frágeis ou falsamente sólidas, quanto maior permissividade em relação ao implausível, um convite a diminuir as barreiras entre dentro e fora, entre eu e não eu. Manifestações patológicas poderiam ser consideradas até certo ponto frutos da subversão das vivências de espaço e tempo resultantes dos avanços tecnológicos, como se o mundo virtual – que corrompe essas dimensões de espaço e tempo e sua distinção, até então binária, entre o real e o vivido – "enlouquecesse" a mente, uma vez que introduz essa terceira dimensão que flutua entre o real e o vivido que é o universo do possível, do *as if.*

Na base dessa dinâmica, encontra-se um corpo, hábitat da sensorialidade e meio de contato com o mundo externo e objetivo, e uma mente, reino das abstrações, que se afastam em graus variados da sensorialidade e do universo mais concreto. Nesse contexto, a quantidade e a qualidade das integrações e dissociações produzidas pela mente e apreensíveis nas diversas modalidades de autoexpressão – verbais, sonoras, motoras, gráficas, pictóricas e assim por diante, tornam-se o indicador da qualidade do processamento das informações. Trata-se, então, de verificar as redes de conexões produzidas na mente e exteriorizadas em algum tipo de ação, quanto a seu grau de coesão, regido pelas vivências de espaço e tempo. Como exemplo, Minkowski (citado por Barthélémy, 1994), ao distinguir o "vago" do "confuso", orienta nosso modo de compreender as produções do indivíduo, avaliado do ponto de vista estrutural, como sendo o vago um produto de arranjos dispersos, permeados por espaços ou distantes no tempo e o confuso como aquilo que se sobrepõe, aglutina ou contamina, não deixando brecha para discriminar os vários componentes do conjunto. O vago e o disperso estão permeados por espaços vazios que deixam o conjunto frágil, sem consistência e por isso facilmente abalável. O confuso e o aglutinado não têm espaço ou entremeios que permitem circulação, mobilidade, plasticidade. Como compósito rígido, é também bastante frágil, sujeito a romper-se pela tensão interna ou por pressões externas.

Sendo assim, a qualidade estrutural do que está sendo expresso demonstra o grau de organização das estruturas mentais, sua coesão, labilidade, rigidez ou flexibilidade, apontando para o grau de patologia ou saúde no mundo interior. Diferencia-se desse modo o nível de intensidade dos mecanismos de ligação ou corte, bem como seus efeitos, distinguindo-se, nessa perspectiva, num dos polos, as integrações que resultam de ligações bem-sucedidas, das aglutinações resultantes de ligações mal sucedidas e, no polo oposto, os cortes bem-sucedidos, que ajudam na discriminação das partes, dos cortes malsucedidos, que resultam das fragmentações e da perda dos nexos associativos e lógicos que garantem a força do eu e um bom contato com o real.

Voltando para o transtorno borderline, a patologia de fronteira e das fronteiras, manifestando-se pela instabilidade dos vínculos e da própria identidade, pode ser mais bem entendida à luz da Psicopatologia fenômeno-estrutural e das vivências subjetivas de tempo e de espaço que se afastam consideravelmente do tempo e do espaço mensurável e compartilhável coletivamente com base na realidade.

Mas, o que fazer diante da modernidade líquida, tão bem definida por Bauman (2001), em que as noções de tempo e espaço se modificaram e mesmo se desvincularam. Para esse autor os avanços tecnológicos da modernidade não permitem mais que a percepção aconteça como antigamente, quando se definia espaço como "o que se pode percorrer em certo tempo e tempo é o que se precisa para percorrê-lo" (p. 128). Sua argumentação deixa claro que os avanços tecnológicos permitiram que distâncias cada vez maiores fossem percorridas em cada vez menos tempo.

A máxima "tempo é dinheiro" foi cunhada no momento em que o tempo passou a ser ferramenta para vencer a resistência do espaço. Esse autor à modernidade pesada com modernidade líquida. Enquanto a primeira era obcecada pelo volume, quanto maior melhor, tamanho é poder, demonstrando que o "território estava entre as mais agudas obsessões e sua aquisição entre as urgências mais prementes, enquanto a manutenção de fronteiras tornava-se um de seus vícios mais ubíquos, resistentes e inexoráveis." (p. 132). Havia uma estrita separação entre o dentro e o fora e uma acirrada defesa de fronteira entre ambos. Já na mudança para a modernidade líquida, ocorre "a nova irrelevância do espaço, disfarçada de aniquilação do tempo. No universo de *software* da viagem à velocidade da luz, o espaço pode ser atravessado, literalmente, em tempo nenhum; cancela-se a diferença entre longe e aqui. O espaço não impõe mais limites à ação e seus efeitos, e conta pouco, ou nem conta." (p. 136). Na modernidade líquida os sólidos se derretem e novos sólidos não se formam. Um jornal de grande circulação anunciava recentemente que informação não é igual a conhecimento, citando Bauman. De fato, o conhecimento não é acúmulo de informação, e sim a "cura" desta – sua preparação lenta e gradual que a torna pronta para uso, com o passar do tempo.

Parodiando Bauman (2001), estamos em risco de produzir mentes líquidas, propiciadas pela quebra das barreiras de tempo e do espaço, e, portanto perda de fronteiras com o mundo externo e o mundo interno. A aceleração do tempo e a quantidade de informação tornam tudo líquido, dificulta a "cura". Seria por isso que a personalidade borderline constitui a patologia mais frequente entre os transtornos de personalidade? (Schestatsky, 2005) Seriam essas mentes líquidas? Mentes de estruturas frágeis, produtos de uma temporalidade e espacialidade impossíveis de serem processadas na formação de redes suficientemente estáveis e flexíveis?

Personalidade borderline e a Psicopatologia fenômeno-estrutural

Nesse sentido, a Psicopatologia fenômeno-estrutural oferece um modo de olhar privilegiado, que permite compreender o grau de consistência mental na saúde e na patologia que oscila entre a rigidez dos sólidos, como sua firme adesão à realidade concreta e a fluidez dos líquidos, ou sua volatilidade dispersa, para que se possa avaliar a organização da mente e sua evolução nos processos de tratamento.

Referências bibliográficas

Barthélémy, J.-M. (1996). Hypnoses de la mort dans les contes d'Edgar Poe. In *Créer avec la mort*. Chambéry: Editions du Pôle.

Barthélémy, J.-M. (1994). Processus, évolution et structure mentale. *Bulletin de Psychologie XLVII*, 474-476.

Bauman, Z. (2001). *Modernidade líquida*. Rio de Janeiro: Zahar.

Freud, S. (1895/1979). Projeto para uma psicologia científica. In *Obras completas* (Vol. I). Buenos Aires: Amorrortu.

Green, A. (1995). *El trabajo de lo negativo*. Buenos Aires: Amorrortu.

Green, A. (2001). *El tiempo fragmentado*. Buenos Aires: Amorrortu.

Helman, Z. (1971). *La poussée sensori-motrice*. Bruxelas: Dessart.

Kerneberg, O. F. (1975). *Borderline conditions and pathological narcissism*. Nova York: Jason Aronson.

PDM Task Force. (2006). *Psychodynamic Diagnostic Manual*. Silver Spring: Alliance of Psychoanalytic Organizations.

Sacks, O. (15 de Fevereiro de 2004). A torrente da consciência. *Folha de São Paulo: Caderno Mais*.

Schestatsky, S. S. (2005). *Fatores ambientais e vulnerabilidadeao Transtorno de personalidade borderline: um estudo caso-controle de traumas psicológicos precoces e vínculos parentais percebidos em uma amostra brasileira de pacientes mulheres*. Tese de Doutorado apresentada na Universidade Federal do Rio Grande do Sul.

Yazigi, L. (1998). Essai psychologique sur la peinture d'El Greco dans une perspective phénoméno-etructurale. *Bulletin de Psychologie*, v. LI, 167-172.

6

A PSICOPATOLOGIA FENÔMENO-ESTRUTURAL E O TESTE DAS PIRÂMIDES COLORIDAS DE PFISTER

Anna Elisa de Villemor-Amaral
Renata da Rocha Campos Franco

Introdução

O teste das Pirâmides Coloridas de Pfister é um método psicodiagnóstico criado por Max Pfister em 1951, na Suíça. Quando ele idealizou seu teste, estava fundamentalmente voltado para o significado das cores, pois, de forma intuitiva e sensível, percebia que o interesse e a escolha pelas cores não era aleatório, as pessoas ao preferirem uma cor em detrimento de outra revelavam informações sobre seu direcionamento, envolvimento e investimento afetivo.

Atualmente, a técnica conta com mais de trinta anos de estudos empíricos e muito do que era intuitivo encontrou evidências científicas. Recentemente na edição do novo manual (Villemor-Amaral, 2005) acrescentaram-se resultados de diversas pesquisas, incluindo estudos psicométricos com diversos grupos psicopatológicos, e isso vem estimulando seu uso nos mais diversos contextos de avaliação psicológica. O novo manual, além de fortalecer a técnica, também passou a ser recomendado pelo Conselho Federal de Psicologia (Villemor-Amaral & Franco, 2008).

O teste consiste em que se solicite ao examinando que execute três pirâmides utilizando-se de quadrículos coloridos, numa variedade de dez cores e 24 matizes, e o esquema de uma pirâmide. O examinando deve fazer sua pirâmide, uma de cada vez, cobrindo os espaços vagos com os quadradinhos de sua escolha até que fique de seu agrado e lhe pareça bonita. A tarefa é geralmente bem aceita pelas pessoas de qualquer idade ou nível educacional, sendo considerada agradável e lúdica. O modo de classificar e interpretar o Pfister leva em consideração o nível de organização alcançado pelo sujeito ao distribuir as cores escolhidas sobre o desenho.

A ideia de analisar o teste das Pirâmides Coloridas de Pfister, segundo os pressupostos da Psicopatologia fenômeno-estrutural, é uma proposta bastante interessante entre os adeptos dessa abordagem teórica e surgiu do fato de o teste combinar dois elementos básicos: cores e forma. Em casos especiais certos efeitos de profundidade, densidade e perspectiva também são observados.

A Psicopatologia fenômeno-estrutural e o teste das Pirâmides Coloridas de Pfister

O Pfister, se considerado segundo os pressupostos da Psicopatologia fenômeno-estrutural, permite boas previsões a partir da *gestalt* das pirâmides sobre o mundo interno dos examinandos, pois a forma de uma pirâmide facilita a expressão, melhor do que qualquer outra forma geométrica, da noção de construção, organização e estrutura. Assim, a maneira como o indivíduo dispõe os quadrículos sobre o esquema da pirâmide pode ser um reflexo, em sentido amplo, da forma como ele contém suas emoções ali representadas pelas cores.

Nesse contexto, o teste das Pirâmides Coloridas de Pfister apresenta uma figura privilegiada para esse fim, já que a disposição espacial em camadas e colunas permite verificar a compreensão ou a percepção que o indivíduo possa ter do conjunto visual, demonstrando com isso sua capacidade de organização no espaço.

A colocação do estímulo de maneira ordenada indica a capacidade do indivíduo no manejo dos objetos da percepção, internos ou externos, e sua habilidade de controle e confiança no contato com a realidade. Quanto mais organizada for a produção, mais equilibrada e ajustada será a compreensão e a interpretação sobre os eventos afetivos e emocionais que permeiam o entorno interpessoal da pessoa avaliada. Isto é, quanto mais harmônica for a distribuição espacial na pirâmide, mais ajustada será a dinâmica afetiva da pessoa, o que pode ser lido, segundo os princípios da Psicopatologia fenômeno-estrutural, como harmonia entre a experiência vivida e o contato vital com a realidade.

Assim, a principal contribuição do teste das Pirâmides Coloridas de Pfister, quando fundamentada pela

Psicopatologia fenômeno-estrutural, está, principalmente, na compressão da qualidade de organização alcançada pelo sujeito ao distribuir as cores escolhidas sobre o desenho de três pirâmides. As pirâmides constituem o mundo externo, marcado por objetos sólidos e imutáveis, que dão suporte para o mundo objetivo, no qual se atribui a qualificação do real. Já a escolha e a distribuição das cores representam o mundo interno, que é marcado por aspectos subjetivos, que estão sob a total influência de um mundo comum e compartilhado. Dessa forma, a escolha e a distribuição das cores nos três esquemas de pirâmide traduzem a ideia viva e mutável, que liga o interno com o externo, e é nesse aspecto dinâmico e instável que se estabelecem a afetividade e a noção do contato vital com a realidade. Mas, se a tensão provocada pelos estímulos, no caso combinações de cores, for muito grande, ou os recursos de regulação, controle ou mesmos os recursos intelectuais forem escassos, sendo frágil a estrutura da personalidade, mais estará prejudicada a capacidade de adequação à forma e contato adaptado ao entorno.

Assim, a forma das pirâmides, denominadas de aspectos formais, é classificada em três grandes categorias: as estruturas, as formações e os tapetes. A primeira categoria subdivide-se em estruturas simétricas, estruturas em escada, estruturas em manto, estruturas assimétrico-dinâmicas e estruturas em mosaico. As formações, em formações em camadas, formações simétricas e formações alternadas e os tapetes podem ser do tipo tapete puro, tapete desequilibrado ou tapete furado.

O nível de organização formal e espacial é mais elaborado e sofisticado nas pirâmides do primeiro grupo, no qual a distribuição das cores respeita a noção tanto de verticalidade quanto de horizontalidade da pirâmide; menos sofisticado no segundo grupo, no qual a noção apenas de horizontalidade está presente no aspecto de camadas que a pirâmide apresenta e no terceiro grupo – os tapetes – a noção de forma praticamente inexiste, resultando em uma disposição de cores de modo aleatório e em um arranjo às vezes bastante disperso, sem um princípio ordenador.

Se considerarmos o significado das cores que compõem aquela forma em questão, podemos ainda verificar se há, em determinado indivíduo, alteração do nível formal na presença de cores mais estimulantes e provocadoras – as cores quentes – ou em presença de cores mais calmas e repousantes – as cores frias.

A forma das pirâmides, quando compreendida à luz da Psicopatologia fenômeno-estrutural, leva em consideração o modo de ver, perceber e construir as formas. Minkowska (1956), uma das autoras dessa abordagem teórica que se dedicaram ao Método de Rorschach como via de acesso privilegiada ao mundo mental, diz que o modo de ver e perceber as imagens reflete a base mental do indivíduo e pode estar relacionada mais com um estilo de funcionamento sensório-motor, típico de pacientes epiléticos, ou com um estilo mais racional e abstrato, comum em pacientes esquizofrênicos. Desse modo, a autora definiu duas tipologias básicas, a epilepto-sensorial e a esquizoracional.

A diferença psíquica entre os dois grupos se dá, em especial, por meio da percepção da imagem, no comportamento e na qualidade expressiva da linguagem. Enquanto o epilético é atraído por aspectos sensoriais como olfato, visão, tato, paladar e audição, o esquizofrênico é atraído pela precisão da forma, deixando as manifestações sensoriais frequentemente no campo mental das alucinações. A autora afirma que os epiléticos são mais atentos aos estímulos sensoriais, mostrando-se mais próximos da realidade, ao passo que os esquizofrênicos são mais racionais e abstratos, mostrando-se mais distantes da realidade.

O mecanismo essencial do epilepto-sensorial é a ligação, reforçando a ideia da necessidade de um contato com o mundo externo mais concreto, ao passo que para o polo esquizorracional o mecanismo essencial é o corte, o qual reforça a ideia do distanciamento do mundo externo. Enquanto o tipo epilepto-sensorial prioriza o mecanismo que liga, integra, une e associa elementos internos e externos, o esquizorracional prioriza o mecanismo que corta, separa, rompe, fragmenta e isola os elementos internos e externos.

Então, se analisarmos a estrutura formal das pirâmides com base nos mecanismos de corte ou ligação, perceberemos que os tapetes furados, mutilados ou desequilibrados são marcados pela presença do branco, que interrompe e fragmenta a imagem ou concentração de tons claros ou fortes em partes da figura, que dão um ar de desequilíbrio. Em contraposição as estruturas, onde a repetição de cores ocorre em pontos estratégicos, aproximariam mais o trabalho do mecanismo de ligação, ao darem a noção de continuidade e interligação entre colunas e camadas.

Para ilustrar os conceitos da Psicopatologia fenômeno-estrutural de forma mais clara e aplicada, apresentaremos um estudo de caso de um artista plástico que foi submetido ao teste de Pfister.

Estudo de caso

Cláudio Souza Pinto tem uma obra bastante criativa, na qual alia humor, aguda percepção dos sentimentos humanos e crítica social, a partir de uma linguagem plástica bastante original. Usa sua técnica para construir imagens por quadradinhos ou tiras coloridas que se dispersam e se reúnem, constituindo um jogo contínuo de decomposição e recomposição. Em suas obras os objetos transformam-se, revelando a emoção que liga ou desliga as partes das figuras e nesse jogo observam-se claramente os mecanismos de corte e ligação expressos nas imagens, representando os impulsos de vida ou de morte presentes na dinâmica afetiva do momento que pretende representar.

Conforme a teoria da Psicopatologia fenômeno-estrutural, pode-se observar em sua obra uma predominância dos mecanismos de corte, que caracterizam o polo esquizorracional, quando as imagens se desagregam, se dissociam e se dispersam. A forma é precisa, exata, cada elemento da composição destaca-se claramente em seus contornos.

Em contrapartida, sabe-se que é possível encontrar frequentemente uma mescla dos dois tipos, sensorial ou racional, sendo pouco usual a ocorrência de um polo único, ou um tipo puro. Na obra de Cláudio Souza Pinto os mecanismos se alternam, e o movimento produzido pelo mecanismo de ligação *(lien)*, que representam o polo epilepto-sensorial também pode ser observados em inúmeras representações. As figuras que se decompõem são com frequência recompostas em novas imagens. Permanece um rastro de fragmentos que dá a impressão de continuidade, fazendo que a nova imagem mantenha em sua origem os traços do elemento anterior que foi decomposto. O movimento está bastante presente, apesar do predomínio da forma, e as figuras não só estão precisamente representadas como revelam suas emoções mais profundas em seus movimentos e suas atitudes.

Esse pintor foi convidado a participar de uma pesquisa com o Pfister que reuniria diversos artistas plásticos, sem que naquele momento se conhecesse seu estilo marcante, já que, por ter morado na França por muitos anos, sua obra era pouco difundida no Brasil naquela época. Ele aceitou participar sem saber que usaríamos um teste de quadrículos coloridos. Convidado a fazer suas pirâmides, conforme as instruções padronizadas do teste, no fim da aplicação, aceitou nos mostrar seu ateliê, onde surpreendentemente revelaram-se diversas obras cujas figuras eram compostas pela pintura de tiras e quadrículos coloridos que formavam as imagens.

Além de compor imagens por meio de quadrículos coloridos, chamou também a atenção o enquadramento da imagem, uma marca do artista, observável no quadro *Retrato do artista*

A Psicopatologia fenômeno-estrutural e o teste
das Pirâmides Coloridas de Pfister

Em tal obra é observável o que apareceu em suas duas primeiras pirâmides, em que foram usadas estruturas em manto, caracterizadas pela mesma ideia de moldura. Tanto nessa pintura quanto em suas pirâmides, o artista se encerra em sua obra e as cores estão no universo representado e não no artista em si. O caráter defensivo, expresso na estrutura em manto, revela-se na realidade do artista, mais à vontade e liberto em sua obra do que em seu próprio universo. A moldura, representada pelo manto, ilustra o mecanismo de corte e a inserção em um universo e afastamento de outro.

O pintor emoldurado e a pirâmide em manto sinalizam uma possível tentativa do artista para conter suas inquietações e uma afetividade exuberante e apaixonada. A vivacidade das cores contrasta com a racionalidade da composição das figuras, quadradinhos e linhas que se somam para formar as imagens. O traço que encerra e limita a cena repete-se em várias de suas obras, e o efeito "moldura" aparece frequentemente, ligando os componentes da cena e circunscrevendo a ação. Alternam-se, assim, os mecanismos de corte (*coupure*) e ligação (*lien*) e os modos de figuração esquizorracional ou epilepto-sensorial de maneira original e criativa, como se enfrentasse os desafios impostos por um mundo interior rico e transbordante de sentimentos que é preciso conter.

No geral, a forma expressa pela obra do artista é sem dúvida mais eloquente que as imagens criadas no Pfister, em que o esquema de uma pirâmide é preestabelecido. A expressão por meio da linguagem, ou da livre criação de imagens, como é o caso das obras literárias e plásticas, permitem um campo de observação muito mais rico, dada a possibilidade infinita de representações e transformações possíveis.

As técnicas projetivas que usam a expressão verbal e a expressão gráfica nesse sentido podem dar origem a informações mais extensas sobre a personalidade. No teste de Pfister, o universo é mais simples, com elementos mais reduzidos do que aqueles envolvidos na comunicação verbal. As palavras, os sons, a estrutura da linguagem, ou os desenhos nos quais as imagens podem ser compostas por uma infinidade de elementos gráficos nos dão uma ampla possibilidade para análise. Porém, a redução do campo de expressão, e consequentemente dos elementos a investigar, torna o universo representacional mais finito, limitando, por um lado, o campo de observação e as inferências daí originadas, mas, por outro, podendo revelar de um modo simples, imediato e esquemático os processos básicos de que o indivíduo dispõe para lidar com suas emoções.

A Psicopatologia fenômeno-estrutural e o teste das Pirâmides Coloridas de Pfister

Também é importante comentar que o teste das Pirâmides Coloridas de Pfister efetivamente constitui uma amostra do funcionamento mental do indivíduo e sua marca e seu traço são então representados tal como em suas obras de arte. Hammer (1989) dizia, a respeito dos testes projetivos gráficos, que a habilidade artística não prejudica a validade do teste, ao contrário, torna as inferências dali extraídas ainda mais fidedignas. Assim, pode-se observar que o desempenho do artista, no que diz respeito ao aspecto formal, traz a marca e é expressão fiel tanto de seu nível de diferenciação cognitiva, sua habilidade de lidar com os objetos da percepção, organizando as imagens, quanto, possivelmente no caso estudado, de suas características defensivas para lidar com a riqueza perturbadora das emoções.

O aspecto metódico e detalhista de sua obra organiza e dá forma a um mundo interno cheio de tensões e inquietação que poderia constituir uma ameaça à sua adaptação. O esforço de controle é também exemplificado em sua obra pela imagem de marionetes que se autossustentam, na tentativa de enfrentar um desafio difícil de superar.

Fica claro, então, que o artista apresenta um estilo predominantemente racional, mas isso não impediu a presença do mecanismo de ligação, o qual foi usado de forma bastante eficiente, integrando a imagem e favorecendo uma adaptação positiva diante da tarefa proposta.

Dessa forma, independentemente da tipologia de base do artista plástico, os mecanismos de corte e ligação apareceram de forma oscilante. O caráter móvel de um mecanismo para outro é fundamental para o equilíbrio da personalidade, pois há momentos na vida em que é preciso separar e outros em que é preciso integrar. Independentemente do mecanismo empregado, a flexibilidade entre eles é um fator importante para o sucesso da experiência vivida. Em geral é o caráter dinâmico entre os mecanismos de corte e ligação que possibilita um contato vital adaptado entre os conteúdos internos e a realidade exterior.

Os dois mecanismos representam dois polos que constituem uma tipologia específica e podem revelar informações sobre o funcionamento psíquico das pessoas, ao mesmo tempo que representam etapas evolutivas que se alternam. Seja qual for a tipologia dominante em uma pessoa, há momentos mais sensoriais e mais racionais. Por exemplo, crianças entre três3 e seis6 anos apresentam predomínio da sensorialidade, mas durante o processo de escolarização os mecanismos racionais começam a dominar. Esse processo é espontâneo e fundamental para a aprendizagem, pois, caso a criança não consiga se afastar da sensorialidade, ela não terá condições de se manter sentada e pensando (Vilemor-Amaral 2004). A adolescência também é uma fase marcada pela oscilação dos mecanismos de corte e ligação, pois a vida do adolescente é carregada de conflitos e distanciamentos do real, cujos aspectos egocêntricos em busca do Eu são fundamentais para a definição da identidade (Wawrzyniak, 1982).

Dessa forma, a oscilação entre as tipologias faz parte de um processo estrutural e natural que favorece o contato adaptado com o real. No caso apresentado, também pudemos perceber que não houve hierarquia entre os mecanismos, pelo contrário, eles atuaram de forma equilibrada, garantindo a saúde psíquica do artista.

Considerações finais

O método fenomenológico aplicado ao teste das Pirâmides Coloridas de Pfister propõe caminhos para a compreensão da organização mental, visando a respeitar a complexidade do real e encontrar o sentido no próprio fenômeno psíquico.

As analises fenomenológicas não visam à comparação entre sujeitos, pois o indivíduo é visto com ser único e suas expressões são idiossincráticas. Por isso, é difícil pensar ou prever a aplicação dos mecanismos de corte ou ligação em outros possíveis tipos de produções no teste das Pirâmides Coloridas de Pfister.

A riqueza da abordagem fenomenológica está, justamente, no sentido subjetivo do fenômeno, mas, com base nas informações apreendidas no estudo de caso do artista Cláudio Souza Pinto, uma nova linha de exploração torna-se possível.

A prática tem-nos mostrado que a oscilação dos mecanismos é saudável desde que eles atuem de forma bem-sucedida, ou seja, melhorando o contato com a realidade e refinando as relações espaço-temporal, assim como ocorreu no caso do artista Cláudio Souza Pinto, que apresenta a tipologia esquizorracional, cuja base de organização psíquica é o mecanismo de corte. Entretanto, o artista faz uso sofisticado do mecanismo de ligação, impregnando as cenas com muito dinamismo, o que pode ser observado na riqueza de sua produção.

Em outros estudos realizados com o Rorschach e o Zulliger (Villemor-Amaral, Franco, & Farah, 2008; Franco & Villemor-Amaral, 2009) as autoras observaram que quando havia o emprego do mecanismo oposto da tipologia de base, a qualidade da produção decaía. Por exemplo, no estudo feito com pacientes que sofriam da síndrome do pânico, as autoras observaram, por meio da comunicação verbal e percepção das imagens do método de Rorschach, que para o estilo epilepto-sensorial, o mecanismo de ligação melhorava o contato com a realidade, o que também ocorreu no estilo esquizorracional, que apresentou um contato mais apurado com a realidade quando era empregado o mecanismo de corte. No entanto, quando esse mecanismo era utilizado no caso do estilo mais sensorial, mostrava-se pouco eficaz. Assim como o mecanismo de ligação parecia precário para o tipo racional, piorando a qualidade da percepção do entorno (Villemor-Amaral, Franco, & Farah, 2008).

Se pudéssemos generalizar esses achados para o teste das Pirâmides Coloridas de Pfister e levantar hipótese sobre funcionamentos mais ou menos elaborados, poderíamos pensar que a maturidade afetiva é fruto da oscilação bem-sucedida dos mecanismos, pois refina a compreensão sobre os eventos da vida, melhorando o contato vital com a realidade. Já a oscilação ineficiente dos mecanismos, poderia ser um indicador de imaturidade emocional, pois o corte não teria a função de impor a discriminação e delimitar os espaços, assim como a ligação, não conseguiria integrar. Seus efeitos recairiam, respectivamente, em rompimentos ou sobreposições que representam a desintegração ou a confusão, o que no teste de Pfister fica expresso pela associação de cores e formas.

Analisando os aspectos formais do teste das Pirâmides Coloridas de Pfister, observa-se nas formações em camadas multi e monocromáticas e monotonais algo curioso. As duas primeiras, multi e monocromáticas, são produções mais elaboradas e marcadas pela presença simultânea dos mecanismos de corte e ligação, pois as camadas apresentariam as repetições de cores, proporcionando uma imagem contínua e típica do mecanismo de ligação, mas também poderia delimitar a fronteira entre uma camada e outra, impondo o limite típico do mecanismo de corte. Nesse caso, independentemente da tipologia de base, os mecanismos de ligação ou corte não comprometeriam a produção.

De modo contrário, o terceiro tipo de produção, as formações monotonais, poderia sinalizar uma rigidez emocional tão intensa, que afastaria a pessoa de vivências afetivas mais genuínas. Nesse exemplo, a atuação do corte seria bem-sucedida, pois conseguiu inibir a expressão de afetos que poderiam sobrecarregar a organização psíquica da pessoa. Dessa forma, o corte, simbolizado pelas camadas monotonais, resguarda a carga afetiva, impedindo sua desorganização.

Em outra situação poderíamos pensar no tapete puro, onde as cores são distribuídas de forma harmônica, mantendo um equilíbrio entre todos os quadrículos. A distribuição espacial ordenada é menos importante do que a harmonia cromática, o que dissipa, dilui e pulveriza os limites entre colunas e camadas.

No tapete puro, o modo de preenchimento é aleatório, o primeiro quadrículo poderia ser representado pelo último, assim como o último quadrículo também poderia ocupar as posições centrais da pirâmide. O processo de construção do tapete puro se assemelha a uma colcha de retalhos, sendo a posição e o tamanho dos fragmentos, menos importante do que a harmonia e a continuidade das cores. Dessa forma, podemos dizer que no tapete puro está em jogo predominantemente o mecanismo de ligação, sinalizando um estilo mais sensorial, intuitivo e abstrato. Já, no caso dos tapetes furados e desequilibrados, a presença do branco ou da concentração de uma determinada tonalidade ou cor, interrompe o fluxo harmônico entre as cores e impõe um ritmo de descontinuidade, típico do mecanismo de corte.

A questão que parece ser central nos estudos fenomenológicos está na qualidade do emprego dos mecanismos essenciais. Ambos os mecanismos, de corte ou ligação, devem cumprir sua função de origem, ou seja, o corte deve ser capaz de separar e o mecanismo de ligação, de integrar. No caso do tapete furado e desequilibrado, isso não ocorre e a distribuição das cores, sem levar em conta uma forma, apenas interrompe uma fluidez entre as cores, deslocando e quebrando o equilíbrio do conjunto.

Assim sendo, os mecanismos essenciais de corte ou ligação devem atuar de forma eficiente, promovendo discriminações e integrações, caso contrário, a relação que o indivíduo estabelece com o espaço, interno ou externo, será desorganizada e pode acentuar um descompasso entre a experiência interna e externa, denunciando assim, uma possível psicopatologia. O teste das Pirâmides Coloridas de Pfister pode ser um meio possível para uma leitura do universo psíquico na abordagem da Psicopatologia fenômeno-estrutural, assim como outros modos de expressão que representam as individualidades.

Referências bibliográficas

Franco, R. R., & Villemor-Amaral, A. E. (2009). *Ensaio de convergência entre provas de personalidade: Zulliger-SC e Pfister.* Itatiba: Tese de Doutorado na Universidade São Francisco.

Hammer, E. F. (1989). *Aplicações clínicas dos desenhos projetivos.* São Paulo: Casa do Psicólogo.

Minkowska, F. (1956/1978). *Le Rorschach: A la recherche du monde des formes.* Paris: Desclée de Brouwer.

Villemor-Amaral, A. E. (2004). Rorschach e Psicopatologia fenômeno-estrutural. *Estudos de Psicologia, 21 (1),* 73-81.

Villemor-Amaral, A. E. (2005). *As pirâmides coloridas de Pfister.* São Paulo: Cetepp.

Villemor-Amaral, A. E., & Franco, R. R. (2008). O Teste das Pirâmides de Pfister. In B. S. Werlang, & A. E. Villemor-Amaral, *Atualizações em métodos projetivos para avaliação psicológica* (pp. 415-423). São Paulo: Casa do Psicólogo.

Villemor-Amaral, A. E., Franco, R. R., & Farah, F. Z. (2008). A Psicopatologia fenômeno-estrutural e o Rorschach no transtorno de pânico. *Estudo de Psicologia, 25 (1),* 141-150.

Wawrzyniak, M. (1982). Le desestabilisation du sentiment de realité à la adolescence: étude de rorschach et reference à une oeuvre poétique de Arthur Rimbaud. *Bulletin de Psychologie XXXVI,* 887-895.

Sobre os autores

Andrés Eduardo Aguirre Antúnez: Psicólogo pela Universidade Paulista; Mestre em Saúde Mental, Doutor em Ciências e Pós-doutorando pelo Departamento de Psiquiatria e Psicologia Médica da Universidade Federal de São Paulo – (Unifesp); Professor doutor do curso de graduação e do Programa de Pós-graduação em Psicologia Clínica, Coordenador da Clínica Psicológica Durval Marcondes, Departamento de Psicologia Clínica do Instituto de Psicologia da Universidade de São Paulo (USP); Membro da Associação Brasileira de Rorschach e Métodos Projetivos / ASBRo e da Société Internationale de Psychopathologie Phénoméno-structurale.

Anna Elisa de Villemor-Amaral: Psicóloga pela PUC-SP, mestre e doutora pela Universidade Federal de São Paulo (Unifesp). Pós-doutorado na Universidade da Savóia, na França. Professora na Faculdade de Psicologia da PUC-SP e do Programa de Pós-graduação *Stricto Sensu* da Universidade São Francisco. Coordenadora do GT de Métodos Projetivos da Anpepp, membro da Comissão Consultiva sobre Avaliação Psicológica do Conselho Federal de Psicologia do Brasil, da ASBRo e da Société Internationale de Psychopathologie Phénoméno-structurale.

Deise Matos do Amparo: Psicóloga, doutora em Psicologia pela Universidade de Brasília, com doutorado Sanduíche na *Université Picardie Julies Verne*, França,

Pós-doutorado na *Université René Descartes*, Paris V,– França. Docente da Graduação em Psicologia e do Programa de Pós-graduação *stricto sensu* em Psicologia Clínica e Cultura da Universidade de Brasília. Bolsista Produtividade em Pesquisa do CNPq.

Jacqueline Santoantonio: Psicóloga pela Universidade Paulista; Doutora em Ciências, Psicóloga do Centro de Atenção Psicossocial, Departamento de Psiquiatria e Psicologia Médica da Universidade Federal de São Paulo - (Unifesp); Membro da Société Internationale de Psychopathologie Phénoméno-structurale.

Maria Helena da Silva Noffs: Psicóloga, mestre em Psiquiatria e Psicologia Médica pela Universidade Federal de São Paulo (2006). Atualmente é psicóloga da Neurologia da Unifesp. Tem experiência na área de Psicologia, com ênfase em Neuropsicologia, atuando principalmente nos seguintes temas: neuropsicologia, epilepsia e neuroncologia.

Latife Yazigi: Psicóloga pela Universidade de São Paulo, fez mestrado e doutorado na mesma instituição, pós-doutorado na Universidade de Chicago, livre-docência na Escola Paulista de Medicina. Professora titular do Departamento de Psiquiatria e Psicologia Médica da Universidade Federal de São Paulo. Atualmente é vice-presidente da *International Rorschach Society* e da *Société Internationale de Psychopathologie Phénoméno-Structurale*.

Renata da Rocha Campos Franco: Psicóloga e doutora em Avaliação psicológica pela Universidade São Francisco-Itatiba, com estágio-sanduíche realizado na Universidade Picardie Jules Verne, França; é professora da graduação da Universidade São Francisco-Itatiba e também atua na área organizacional, realizando avaliações psicológicas destinadas ao recrutamento e à seleção.